ENCUENTRO

ensayos de la actualidad

ENCUENTRO

ensayos de la actualidad

Edited by

Edward J. Mullen

University of Missouri

HOLT, RINEHART AND WINSTON

New York □ San Francisco □ Toronto □ London

Permissions and acknowledgments appear on page 223.

Library of Congress Cataloging in Publication Data

Mullen, Edward J   1942–   comp.
  Encuentro; ensayos de la actualidad.

  CONTENTS: Moulton, W. G. Learning how to read a foreign language.–Zea, L. El indio.–Adams, M. El nuevo feminismo en los Estados Unidos. [etc.]
  I. Title.
PC4127.C8M8   468'.6'421   73-17222
ISBN 0-03-005636-5

Copyright © 1974 by Holt, Rinehart and Winston, Inc.

   Foreign Language Department
   5643 Paradise Drive
   Corte Madera, California 94925

All Rights Reserved

Printed in the United States of America

4 5 6 7 8 9   090   9 8 7 6 5 4 3 2 1

Índice

Preface to the student   ix
WILLIAM G. MOULTON
"Learning to Read a Foreign Language"   xi

PARTE I: TEXTOS PRINCIPALES

1. LEOPOLDO ZEA
   "El indio"   2

2. MILDRED ADAMS
   "El nuevo feminismo en los Estados Unidos"   11

3. VÍCTOR RAÚL HAYA DE LA TORRE
   "Cuestión de nombres"   23

4. JOSÉ REVUELTAS
   "Un partido político para jóvenes, ilusorio"   32

5. GERMÁN ARCINIEGAS
   "¿A dónde va América Latina?"   42

6. ORLANDO ALBORNOZ
   "El concepto del poder negro en los Estados Unidos"   51

7. RAMÓN PARRES
   "Visión dinámica del disentir de la juventud"   66

8. JOSEFINA VÁSQUEZ DE KNAUTH
   "La universidad norteamericana: persecución de la verdad o deshumanización"   79

9. MARÍA TERESA BABÍN, NILITA VIENTÓS GASTÓN
   "La situación de Puerto Rico"   91

10. MANUEL PEDRO GONZÁLEZ
    "Vietnam y la conciencia moral norte-
    americana"   106

11. ADOLFO G. DOMÍNGUEZ
    "El Chicanismo: su origen y actualidad
    política"   121

12. LUIS ALBERTO SÁNCHEZ
    "Insurrección juvenil o definición del hombre
    nuevo"   134

PARTE II: TEMAS PARA CONVERSACIÓN Y LECTURA

1. "Lento veneno"   147

2. "Estudios puertorriqueños, sí"   149

3. "Narcóticos en las escuelas"   151

   MANUEL CALVO HERNANDO
4. "Dramático mensaje a los 3.500 millones de
   habitantes del mundo"   154

5. AGUSTÍN B. FERNÁNDEZ DEL VALLE
   "Integración de la nacionalidad norteamericana"   159

6. WILLIAM SHANNON
   "Lo que debe preocupar a los EE.UU.: la
   libertad, no el dinero"   162

7. ALEJANDRO MAGNET
   "¿Cómo será en 1980 Latinoamérica?"   166

8. ENRIQUE SUÁREZ GAONA
   "Apoyo a la unidad: Chicanos por la igualdad"   170

9. "Sí o no a la violencia"   174

10. FERNANDO DÍEZ DE MEDINA
   "Lo que falla en las relaciones entre norte y
   sur: la línea psicológica" — 177

11. CARMEN ALCALDE
   "Black is Beautiful" — 181

12. GUILLERMO MARTÍNEZ MÁRQUEZ
   "Subdesarrollo latinoamericano" — 185

Answer Key: Self-Study Word Test — 191

Vocabulary — 193

Preface

To the Student

The essays collected in *Encuentro: ensayos de la actualidad* have been brought together for two purposes: (1) to provide materials on which to build your reading skills in Spanish and (2) to introduce you to some of Spanish America's liveliest and most provocative thinkers. This is not, however, an anthology of essays in the classic tradition or of literary masterpieces. Our goal has been to present essays which deal with broad, conceptual problems in Spanish America and the United States today. Thus, in order to present materials to which students could relate in a meaningful way, we have chosen many essays on contemporary social issues from current Spanish language periodicals and magazines. Among the topics treated are the emergence of Black power, the Chicano movement, the history and status of Women's Lib in the United States, problems of student unrest and topics of similar concern. In short, the essays run the gamut from the restrained tone of the philosopher (Leopoldo Zea) to the openly provocative and slightly unsettling challenge of the editorial page. The essays were selected to represent the major trends and topics of discussion in the Hispanic world in recent years. They reflect by and large the tastes of three groups of students who used this book in an earlier, experimental form and who also guided the editor in arranging the essays according to their level of difficulty.

Part I of this book is composed of twelve essays designed to give you practice in *extensive reading*. All the selections are prefaced by a short note on the author's life as it relates to the content of the selection. This is followed by a list of key words and expressions (*Vocabulario*) which is accompanied by a Spanish synonym to the right, followed by an English translation. By covering up the extreme right hand column you might try to see if you can learn the meaning of the Spanish term by looking at its Spanish equivalent *first*. If you are still uncertain of the meaning of the term, you can then look at the English. The words picked for the *Vocabulario* are arranged in the order in which they appear in the text. It might be a good idea to try to learn the meaning of these words *before* you read the selection. This should enable you to read the essays more quickly and avoid the problem of constantly turning to the end vocabulary. As a further aid, tricky expressions, difficult words, and historical allusions have been translated or explained at the bottom of the page. All these essays are followed by a series of (1) factual comprehension questions, (2) discussion questions, and (3) a two-part self-study word test. Essays 1-4 are the most simple and easy to read, essays 5-8 are of medium difficulty, and 9-12 are slightly more difficult linguistically.

Part II consists of twelve short essays designed for practice in *intensive reading* and as a basis for practice in *conversation*. These selections parallel in many ways the themes presented in Part I. Because of their length, fewer expressions have been translated and they are followed by a combination of comprehension and discussion questions.

Finally, we have included an essay by Professor William G. Moulton which gives some good clues on how to best learn to read a foreign language.

We are grateful to the authors or their representatives who gave so generously the right to produce their works. A word of appreciation is also due to Professor Boyd G. Carter, Margaret Sayers Peden and Vern G. Williamsen who read portions of the manuscript and offered many helpful suggestions.

Learning to Read a Foreign Language

WILLIAM G. MOULTON

<u>How NOT to read</u>. The following method is guaranteed to waste a maximum of time and to produce minimum results. Start off with the first sentence of the assignment, read along until you come to a word you don't know, and look it up in the vocabulary. Then read along to the next word you don't know, look THAT up in the vocabulary, etc., ad nauseam. By following this method you will need about four hours to cover the assignment, and by the time you're through you will have looked up so many different words that you will probably not remember a single one of them.

<u>Translating versus reading</u>. The goal you should aim for is the ability to pick a foreign language book and understand what it is all about. You will never reach this goal by doing only word-for-word translation. Some of you may have had the experience of translating Latin in high school. The writer of these lines always got "A" in his high school Latin, and always delighted the teacher with his splendid translations. But at the end of four brilliant years he discovered that, though he could translate with the best of them, he was totally unable to sit down with a Latin book and read it for content. The reason was, of course, that nobody had ever made him READ (as opposed to translate) Latin, and he was too stupid to realize that he should have done it for himself.

<u>Intelligent guessing</u>. If you are ever going to learn how to read for content, just about the most important skill for you to acquire is that of intelligent guessing, that is, figuring out what a word must mean because of the context in which it is used. We do this all the time in English. All of us know how to read a lot of words which we never use in speaking, or even in our own writing. Sometimes, quite unwittingly, we even make up pronunciations of our own. At about the age of twelve, the writer of these lines had a very useful private word misle, made up on the basis of its past tense form, spelling misled. He knew exactly what the word meant; and yet he obviously had never heard it pronounced or looked it up in a dictionary. He had deduced the meaning solely by observing the contexts in which the word occurred. Lots of people have had the same experience, with this and other words; you may recall some private words of your own, and thus prove that you learned them only by observing their contexts.

Repeated reading. If you are going to deduce the meanings of words from their contexts—or, for that matter, if you are going to remember the meanings of words which you have looked up in the vocabulary—you will obviously have to read them more than once. Let's suppose that you have 6 pages to read, and that on each page there are 10 words which you don't know. If you go through the 6 pages just once, and look up each of the 60 words, you surely won't be able to remember more than 10 of them. Instead of that look up only 30 (a more manageable number) and make intelligent guesses for the remaining 30. Then, with the time that you have saved in this way, re-read the 6 pages at least two more times (preferably at intervals of several hours). In this way you may be able to remember as many as 25 of the 30 words which you have looked up; and you will also have a pretty good idea of the meaning of the 30 which you did NOT look up. Score this way: 25 certain and 30 probable. And that's a lot better than only 10 certain.

How to get started. When you start out to do some reading in any foreign language, the one cardinal rule to follow is this: NEVER LOOK A WORD UP IN THE VOCABULARY UNTIL YOU HAVE READ THE IMMEDIATE CONTEXT IN WHICH IT OCCURS. There is no sure way of knowing just how far you've got to read to get the immediate context; it will vary from case to case. It would be certainly idiotic to look up a word before reading through the whole sentence in which it occurs; some people prefer to read a whole paragraph, others a whole page or more. Perhaps the best over-all suggestion is this: read through the first sentence; and then keep on reading until you get lost. You may be able to follow along for a paragraph, or a page, or even the whole assignment.

What to do next. Let's assume that you've read through a paragraph before getting lost. Now go back to the beginning again, and read along until you come to the first word you can't reasonably guess at. Underline the word (so you can find it again quickly); look it up in the vocabulary; find the English translation which fits this sentence; put a pencil dot in the vocabulary margin beside the word (to show you've looked it up once); and then, turning back to the text, re-read the phrase in which the word occurs, trying to fix its meaning as you do so. Go through the first paragraph this way, looking up only the words you absolutely have to and making intelligent guesses at the others. Then tackle the following paragraphs in the same way, until you have read about half the assignment. At this point you will want to take a short break, if only to relieve the boredom. Lean back and stretch; and then, RE-READ THE PAGES YOU HAVE JUST DONE. This will use up only part of the time you have saved by making intelligent guesses, and it will do wonders. (The reason for doing it at this stage is that the whole section is still fresh in your memory, and a re-reading now will really tie down the loose ends. If you wait until later on, much of it will have grown cold.) Then go through the second half of the assignment, ending up with a re-reading again.

Trouble spots. Aside from words that you don't know, there are two other troubles you will run up against. First, there are the so-called "idioms": groups of words that mean more than the sum of their parts. Handle these just as you do single words: underline them and look them up in the vocabulary, putting a pencil dot beside them there. Secondly, despite all the help that a vocabulary gives you, there will be passages here and there which you just can't understand. The most important thing to remember here is: DON'T WASTE TIME ON THEM. If you can't understand such a passage the first time through, put a vertical line in the margin beside it, and read on ahead. Quite often you will pick up a clue later on, and the difficulty will be cleared up when you do the re-reading. But don't waste time on it even then. If after a second honest try, you still can't figure out what it means, put a second vertical line in the margin, and ask your teacher to explain it to you when you come to class. After all, helping you with such difficult passages is part of what he gets paid for.

Nuisance words. The above method, besides helping you to read efficiently, carries with it a number of interesting by-products. The underlines automatically furnish you with a list of the words and idioms you had to look up; the single vertical lines in the margin show you which passages caused trouble the first time through; and the double vertical lines indicate the passages you had to ask your teacher about. All of this is extremely useful for reviewing later on. But perhaps most important of all are the dots you put in the vocabulary margin each time you look a word up. It is a well known phenomenon that every reader has his own private set of nuisance words: words that he just can't seem to remember, and has to look up again and again. The dots in the vocabulary margin will automatically furnish you with a list of your own nuisance words. After you have read fifty pages or so of the book, run through the vocabulary and make a list of all the words that have more than two dots beside them. There won't be many such words; and if you spend a little extra time on them, you will save yourself a lot of useless vocabulary-thumbing later on.

Don't do it the hard way. The method outlined above is not the only way to read a foreign language, but we think it is probably the most efficient one. Traditionally, students have used three other general methods. The first is to write out a full English translation of everything. This is so wearisome a process that, fortunately, it has been followed by only a minute number of eager beavers. The second method is to make a list of all the words that have been looked up, together with their English translations. This is highly recommended for students who have time to kill and don't enjoy bridge or the movies; but, again, the sheer mechanical labor involved is out of all proportion to the benefits received. The third method is to write an English translation over each word that has been looked up in the vocabulary. This cuts down considerably on mechanical labor, but ultimately it defeats its own purpose: when you re-read such a passage, your eye will run along the printed line, skip up to read the translation, and never ever see the foreign word which is what you are trying to learn in the first place. If you've GOT to write down the translation, for heaven's sake do it IN THE MARGIN, not between the lines of the text. This will certainly do no harm; but we doubt that it is worth the time and effort involved. However, suit yourself on this point.

IF YOU STILL HAVE TROUBLE ...

<u>The value of review.</u> In the long run, foreign language study boils down to a constant process of learning, forgetting a bit, re-learning, forgetting a little less, and then re-learning again and again, until you begin to develop in the foreign language the same kinds of habits and skills that you already possess in English. The study hints given above should help you develop these habits and skills as efficiently as possible. As an added help, the textbooks you use will probably call for a considerable amount of review, and your teacher may add on some more. All of this should enable you to speak and read the language with reasonable fluency. If you still have trouble, the best suggestion we can make is that you do even more reviewing. Continue doing a conscientious job on each lesson as it is assigned; then spend a little extra time going over the material of past lessons. Quite often a little extra reviewing like this is all a person needs to catch up with the rest of the class.

<u>A final report.</u> Keep these sheets handy so that you can refer to them off and on as you study. If you develop some good study techniques of your own, let us know about them so that others can benefit from your experience.

I *Textos principales*

1

Leopoldo Zea *(Mexico, 1912–)*, *Dean of the Faculty of Philosophy and Letters at the National University of Mexico, is recognized as one of Latin America's most prominent philosophers. A student of the Spanish philosopher José Gaos, he has attained notoriety for such authoritative works as* El positivismo en México *(1943),* Apogeo y decadencia del positivismo *(1944),* La filosofía como compromiso *(1952), and* América en la conciencia de Europa *(1955).*

A basic concern of Zea is reflected in his persistent effort to define and explain the nature and polyphyletic expression of Mexican character. The following essay, taken from La filosofía como compromiso, *is an example of this tendency. Here Zea explains why the Indian is such a central and powerful cultural force in Mexico and how this makes Mexico substantially different from other Latin American countries. The Indian and the continuing prevalence of pre-Columbian ritual myth as a key factor in his psychological make-up is among the most widely discussed themes in twentieth-century Mexican literature. It might be interesting to think while you are reading this essay of how the historical circumstances which gave birth to the United States differ so radically from those in Mexico. The Indian, of course, is a case in point.*

VOCABULARIO

resolver, resuelto	solucionar	*to resolve*
convivir	vivir en compañía de otros	*to live with*
tropezar con	hallar casualmente	*to come across*
ligado a	unido a	*joined to*
indígena	nativo	*native, indigenous*
patente	evidente	*evident*
referir	contar	*to relate, to tell*
soler	acostumbrar	*to be in the habit of*
rendirse	someterse, darse por vencido	*to surrender*
darse cuenta de	percibir	*to realize*
periódico (*m*)	diario (*m*)	*newpaper*
fuente (*f*)	origen (*m*), manantial (*f*)	*fountain, source*
raíz, raíces (*f*)	origen o principio de que procede una cosa	*root(s)*
volver a	hacer de nuevo	*to ... again*
carecer de	tener falta de alguna cosa	*to lack*
antepasado (*m*)	antecesor (*m*)	*ancestor*
rechazar	rehusar	*to reject*
realizar	efectuar	*to accomplish, carry out*
dejar de + *inf*	terminar	*to stop*
contar con	confiar en	*to count on*
apoyo (*m*)	sostén, soporte (*m*)	*support*
tratarse de	ser cuestión de	*to be a question of*

El indio
LEOPOLDO ZEA

... "México debe ser un pueblo de indios". "¿Cómo ha resuelto México el problema indígena?", o más brutalmente, "¿cómo pueden ustedes convivir con los indios?"; tales son las interrogaciones con las cuales se puede tropezar el mexicano en su visita a Iberoamérica. La forma como México haya podido resolver, o trate de resolver, lo que llaman el problema indígena, llama poderosamente la atención[1] a países como la Argentina que lo resolvieron con la casi completa exterminación del indio. O en países como Bolivia, donde ciertas clases privilegiadas de raza criolla,[2] o que cuando menos presumen de ella,[3] consideraron una bendición la guerra del Chaco[4] porque en ella murieron muchos indios. O en el Perú y el Ecuador, donde igualmente ciertos grupos de los llamados blancos o criollos desprecian a la gran masa indígena que forma su principal población, y en donde la palabra "cholo", mestizo de indio y blanco, puede ser un insulto. En fin, en todos aquellos países donde existen groupos sociales que no ven en el indio otra cosa que un instrumento de explotación o el símbolo de la *barbarie*.

Llama mucho la atención la forma como México se siente ligado a su pasado indígena, a diferencia de otros pueblos, inclusive el Perú, que posee un pasado tan valioso como el nuestro. La relación con este pasado se deja ver[5] en los monumentos históricos que hacen referencia a la Conquista. En el Perú podemos encontrar un

---
[1] llama ... atención: *strongly calls attention to*
[2] criolla: *Creole (Caucasian descendent of Spanish settlers)*
[3] cuando menos ... de ella: *at least think of themselves as*
[4] guerra del Chaco: *costly territorial war between Bolivia and Paraguay (1932–35)*
[5] se deja ver: *is seen*

gran monumento a Pizarro,[6] pero difícilmente uno al último emperador inca. Igualmente en otros países encontramos monumentos a sus conquistadores; en cambio casi se les hace imposible creer[7] que Cortés[8] no tenga un monumento en México y sí lo tenga el "indio" Cuauhtémoc.[9] Otra manera distinta de ver nuestras relaciones con el pasado indígena se hace patente en la forma como el mexicano, común y corriente, se puede referir a episodios de la Conquista y la forma como otros pueblos lo hacen. Nosotros solemos decir con orgullo: "En la noche triste[10] derrotamos a los españoles" o con tristeza, "Después de terrible asedio[11] los mexicanos tuvimos que rendirnos". En cambio aún podemos escuchar en otros países frases como ésta: "Aquí hicimos correr a los indios", "Esta fortaleza que defendían los indios nos costó muchos hombres tomarla".

El orgullo que sentimos por nuestro pasado indígena toma también su expresión en Iberoamérica, que se da cuenta de él. Se expresa en la palabra "azteca", nombre que muchas veces se da al mexicano como su sinónimo. Se oye hablar de "la gran capital azteca", del "pensamiento azteca"; en varias ocasiones se me presentó[12] como "El profesor azteca". En Cuba pude ver en un periódico a grandes titulares:[13] "El próximo domingo celebran comicios[14] los aztecas". En lo azteca se pone énfasis,[15] porque para estos pueblos expresa una tradición autóctona,[16] propia de América, la cual ven continuada en nosotros. Llamar a un mexicano "azteca" es una forma de admiración y respeto por lo que consideran es la fuente de ese nacionalismo cuyas raíces están en la propia tierra, y parece caracterizarnos. Lo "azteca" es

---

[6] Francisco Pizarro *(1470? –1541), Spanish conqueror of Peru*
[7] casi ... creer: *it is almost impossible for them to believe*
[8] Hernán Cortés *(1485–1547), Spanish conqueror of Mexico*
[9] Cuauhtémoc *(1495–1525), Aztec emperor who succeeded Moctezuma*
[10] "noche triste": *On the night of June 30, 1520, Cortés attempted to withdraw his forces from the Aztec capital and the battle which ensued gave rise to the phrase "noche triste," tragic night.*
[11] asedio: *siege*
[12] se me presentó: *I was introduced*
[13] a grandes titulares: *in big headlines*
[14] comicios: *elections*
[15] En ... énfasis: *The Aztec (quality) is emphasized*
[16] autóctona: *native, indigenous*

también expresión de una resistencia heroica. Expresión de esa resistencia que cada iberoamericano alberga en el fondo de su corazón,[17] situado en un mundo en el que se siente impotente, simple satélite, colonial. Una vez más México vuelve a ser[18] objeto de utopía, sublimando así impotencias de las cuales también participamos los mexicanos.[19]

La mejor explicación racional de nuestra capacidad de resistencia la encuentran, nuestros admiradores, en ese apoyarnos[20] en la tradición, en la misma tierra americana. Lo que aparecía como milagroso ante los ojos ingenuos del pueblo aparece ya racionalizado. "Ustedes tienen hueso, son vertebrados—me decía la ya citada intelectual argentina—, a diferencia de nosotros que hemos carecido de esa tradición". "Todo lo que ustedes hacen y admiramos, todo aquello de que son ustedes capaces, se ha de deber[21] a esas raíces tan hondas que tienen con la tierra—me decía un joven pensador uruguayo—. Nosotros carecimos de ellas, nuestros antepasados sólo encontraron pueblos nómadas, a los cuales fue menester rechazar para poder vivir". "Nuestros antepasados indígenas lo fueron los belicosos guaraníes,[22] siempre en lucha con sus vecinos e incapaces de realizar una alta cultura, de aquí que siempre, al igual que la Argentina, tengamos que buscar nuestra tradición en Europa". "Todos los actos de ustedes los mexicanos muestran sus ligas con la tierra americana; por esto están llamados a realizar una auténtica cultura americana".

La crisis sufrida por la cultura occidental, y de la cual somos ahora testigos, ha hecho más patente que nunca, a Iberoamérica, la necesidad de buscar dentro de sí misma los valores que la han de salvar. Así nos encontramos ahora a ésta con los ojos vueltos sobre sí misma, buscando o fabricando tradiciones. La misma Argentina ha ido, con Ricardo Rojas,[23] hacia el Alto Perú en busca de la tradición indígena de que carece. En el Perú, su gran pasado

---

[17] alberga ... corazón: *holds in the depths of his heart*
[18] vuelve a ser: *again becomes*
[19] sublimando ... mexicanos: *thus sublimating weaknesses which we Mexicans also share*
[20] ese apoyarnos: *that reliance on (leaning on)*
[21] se ... deber: *must be due to*
[22] guaraníes: *indigenous inhabitants of Brazil and Paraguay*
[23] Ricardo Rojas *(1882–1957), Argentinian literary critic and scholar*

indígena empieza a dejar de ser simple curiosidad arqueológica para convertirse en política, arte y cultura. El indígena preocupa ya al estadista. Se habla de su asimilación, de la justicia a que tiene derecho. Argentina celebra "El día del indio"; se realizan o
5 preparan congresos indígenas. El Aprismo[24] reclama para nuestra América el nombre de Indoamérica. Se hace con el indio política sincera o demagógica, pero lo importante es que ahora ya se le toma en cuenta.[25]

Ahora bien, en muchos de estos casos el modelo para este tipo
10 de política lo ha sido México. Unos lo han reconocido abiertamente; otros indirectamente, al apresurarse a negar tal influencia. Y aquí surge nuevamente la experiencia de México por comparación. La política indigenista que se empieza a realizar en los países de que se habla se diferencia de la nuestra en el hecho de
15 que la primera es una política dirigida, hecha desde arriba, mientras que la nuestra viene de abajo; nuestras circunstancias la han impuesto. El indio ha estado siempre latente en nuestra historia; siempre se ha contado con él en forma positiva. Lo encontramos en todas nuestras luchas libertarias, no sólo como
20 masa, sino también como caudillo. El más alto símbolo de esta realidad de que hablo lo reconoce Iberoamérica en la figura de nuestro gran patricio Benito Juárez.[26] En México el tener sangre india[27] no ha sido nunca motivo de afrenta. El ser mestizo, el llevar la sangre india junto con la española, nunca ha sido
25 degradante ni menos un insulto. Justo Sierra[28] ha hecho la apología del mestizo considerándolo como el elemento dinámico de nuestra historia, a diferencia del criollo, que se presentaba siempre como un elemento negativo, raíz y fuente de todo conservadurismo. Nuestra revolución, lo comprenden bien en
30 Iberoamérica, no es sino expresión de la más pura realidad mexicana en marcha, reclamando siempre sus derechos. No hay en esta realidad nuestra, filosofías o políticas dirigidas. Esta política

---

[24] Aprismo: Alianza Popular Revolucionaria Americana, *a strongly pro-Indian political movement founded in 1923 by Raúl Haya de la Torre*
[25] se . . . cuenta: *he is taken into account*
[26] Benito Juárez *(1806–1872), president of Mexico (1857–72)*
[27] el . . . india: *having Indian blood*
[28] Justo Sierra *(1848–1912), Mexican historian and essayist*

se ha impuesto porque representa la más real de nuestras realidades. Nuestra revolución ha encontrado su mayor apoyo en el campo, es decir, en las masas indígenas. De aquí la razón por la cual nuestra política indigenista no sea una política que venga de arriba hacia abajo, sino de abajo hacia arriba. Se trata de una política impuesta por la propia realidad mexicana.

(From: *La filosofía como compromiso*, Mexico, 1952)

PREGUNTAS

1. ¿Cuáles son los países donde existen groupos sociales que ven en el indio un instrumento de explotación?

2. ¿Cómo se siente México ligado a su pasado a diferencia de otros pueblos?

3. ¿Cómo es distinta la manera en que el mexicano ve su relación con el pasado indígena de la forma como otros pueblos lo hacen?

4. Para el mexicano, ¿qué simboliza lo azteca?

5. ¿Cuál es la mejor explicación de la capacidad de resistencia que posee el mexicano?

6. ¿Qué ha hecho más patente que nunca la necesidad de buscar dentro de sí misma los valores que van a salvar a Iberoamérica?

7. ¿Qué se ha hecho en la Argentina y en el Perú respecto al pasado indígena?

8. ¿Cómo se diferencia la política indigenista en México de otros países hispanoamericanos?

9. ¿Cómo considera al mestizo Justo Sierra?

10. ¿En dónde ha encontrado su mayor apoyo la Revolución Mexicana?

TEMAS DE DISCUSIÓN

1. Si el mexicano se siente orgulloso de su pasado indígena, ¿cómo se siente el norteamericano?
2. ¿Por qué cree Ud. que existe discriminación racial en Hispanoamérica?
3. ¿Cómo es la política indigenista en los Estados Unidos?

SELF-STUDY WORD TEST

I. SPANISH-ENGLISH. Select the best translation for the following:

1. **convivir** *(a) to convey (b) to convince (c) to live with (d) to lie about, fabricate a truth*
2. **ligado a** *(a) joined to (b) aligned with (c) joined against (d) completed, terminated*
3. **realizar** *(a) to realize a truth (b) to accomplish, carry out (c) to reject, disregard (d) to relate to (a person)*
4. **soler** *(a) to heat with the sun's light, (b) to solicit, (c) to be in the habit of (d) to suggest*
5. **tropezar con** *(a) to come across, stumble on (b) to trip (c) to wander aimlessly (d) to cut by trunk or root*
6. **apoyo** *(a) support, stay (b) pleasant disposition (c) ancestor (d) insult*
7. **tratarse de** *(a) to treat (b) to waste (c) to defeat (d) to be a question of*
8. **contar con** *(a) to list (b) to calculate (c) to count on (d) to call attention to*
9. **referir** *(a) to relate (b) to differ (c) to reflect on (d) to terminate*
10. **periódico** *(a) newspaper (b) ordinary event (c) common word (d) period*

II. SPANISH-SPANISH. Select the best Spanish synonym:

1. **dejar de** (a) hacer sin falta (b) terminar (c) seguir haciendo (d) empezar
2. **fuente** (a) origen (b) lugar (c) diario (d) libro

3. **carecer de** (a) desestimar y tener en poco (b) tener falta de (c) alabar (d) llamar la atención
4. **volver a** (a) dirigir (b) devolver (c) hacer de nuevo (d) girar
5. **darse cuenta de** (a) tener presente (b) percibir (c) contar con (d) realizar
6. **rendirse** (a) someterse (b) ganar (c) rechazar (d) adquirir
7. **raíz** (a) origen (b) fin, terminación (c) conjunto de ramas (d) planta
8. **resolver** (a) tener (b) solucionar (c) resonar (d) convivir
9. **patente** (a) visible, evidente (b) oscuro (c) paternal (d) acción de patear
10. **indígena** (a) cosa indigna (b) nativo (c) indio (d) mestizo

Mildred Adams *(United States, 1894–) is a journalist, author, editor and speaker with special interest in political, economic and literary matters, particularly in Spain and Latin America. Since World War II she has been a correspondent for the* Economist *of London and written for many other publications including feature articles and book reviews for the* New York Times, *editorials for* Business Week, *and contributions to* Foreign Affairs, Fortune, *the* Reporter, *the* New Republic, Think *and other journals. More recently she has become the American editorial advisor for the* Revista de Occidente *of Madrid. Her books, of which* The Right to be People *(1966) is the most recent, include an economics primer,* Getting and Spending *(1939), and translations from the Spanish of several volumes by the distinguished philosopher José Ortega y Gasset and of one by Germán Arciniegas of Colombia. She has also edited several books including one volume of essays titled:* Latin America: Evolution or Explosion?

Since 1959 when she took part in an American Assembly in Puerto Rico, Mildred Adams has become increasingly interested in Latin American affairs. In 1963 she participated in a conference on "Tensions in Latin America" in Bahía, Brazil. In 1965 she was a participant in the first Pan American Assembly on population in Cali, Colombia, and in 1966 she interviewed President Frei of Chile and President Belaúnde of Peru for Think *magazine.*

2

VOCABULARIO

campaña (*f*)	plan (*m*)	*campaign*
a medida que	mientras que	*while*
jornada (*f*)	trabajo de un día	*working day*
quedar pendiente	que está por resolverse	*to remain pending*
reemplazar	sustituir	*to replace*
a la vez	al mismo tiempo	*at the same time*
habilitar	proveer; equipar	*to enable*
prestar atención	escuchar	*to pay attention to*
por medio de	mediante	*by means of*
por lo tanto	por consiguiente	*therefore*
lograr	obtener	*to get, to obtain*
adecuado	apropiado	*adequate*
citar	referir	*to quote*
táctica (*f*)	estrategia (*f*)	*tactics, policy*
ingresar	entrar, inscribir	*to enter, to join*
dar a luz	parir	*to give birth to*
rasgo (*m*)	peculiaridad (*f*)	*trait, feature*
en cuanto	tan pronto como	*as soon as*
estar dispuesto a	preparado, en disposición de	*to be disposed to, ready for*
queja (*f*)	lamento (*m*)	*complaint*
meta (*f*)	fin (*m*)	*goal*
revuelta (*f*)	rebelión (*f*)	*revolt*

El nuevo feminismo en los Estados Unidos

MILDRED ADAMS

Women's Lib —abreviatura coloquial con que se designa el nuevo feminismo de los Estados Unidos— significa "Liberación de las mujeres con respecto al dominio masculino". La abreviatura no es sólo más fácil y rápida de decir: tiene además un dejo
5 desaprensivo y familiar[1] que contribuye a su popularidad entre quienes apoyan el movimiento. Esa misma superficialidad provoca la crítica de quienes lo desaprueban.

El nuevo feminismo tiene sus raíces en otro más antiguo que luchó largamente en favor del sufragio[2] femenino entre 1848 y
10 1920. La campaña triunfó, al principio poco a poco, a medida que los estados concedieron sucesivamente el voto a las mujeres; luego con una gran celebración setenta años más tarde, cuando se reformó la Constitución norteamericana para que el hecho de ser mujer[3] no impidiera votar.

15 La reforma fue considerada una gran victoria. Pero debido a la peculiar estructura federal del país —que establece que cada estado legisle sobre propiedad, patria potestad[4] y educación de los hijos, jornadas y salarios laborales, etcétera—, quedaron pendientes muchas reformas vinculadas con los cambios sociales y con la
20 justicia debida a las mujeres. Las sufragistas esperaban conseguir esas modificaciones por medio del voto; pero al triunfo siguió la desilusión. La nueva generación no siguió los pasos de la anterior.

---

[1] un dejo... familiar: *a fresh (nervy) and colloquial effect*
[2] sufragio: *suffrage*
[3] el hecho... mujer: *the fact of being a woman*
[4] patria potestad: *jurisdiction over children*

La mezcla emocional de afán igualitario e ingenuidad política[5] que había inspirado a las sufragistas no provocó en muchas de sus hijas ambiciones políticas similares. Éstas creyeron que el voto les proporcionaría más oportunidades. Algunas querían dedicarse a profesiones no políticas; muchas más ambicionaban casarse y tener hijos a la manera tradicional; pero también se desilusionaron. A causa de dos guerras mundiales y otra menor, las mujeres tuvieron que reemplazar a los hombres en el comercio y la industria, pero en los niveles inferiores y con salarios más bajos que los de los hombres. A la vez, la educación más amplia habilitó a las mujeres para reflexionar sobre su condición; el creciente interés por el análisis psicológico les proporcionó los elementos para la reflexión. El mundo comercial y financiero no prestó atención a este cambio: simplemente apuntó a los bolsillos del nuevo grupo de asalariadas[6] con una intensa campaña publicitaria específicamente destinada a ellas. La igualdad no había llegado todavía.

El momento actual

Las circunstancias que han producido el nuevo feminismo llamado *Women's Lib* en los Estados Unidos son más complejas que las que alentaron[7] en el siglo XIX la larga campaña en favor del sufragio femenino.

Las mujeres que piden ahora —como lo hicieron antes de 1920— "Derechos femeninos" piensan más bien en reivindicaciones[8] de carácter personal, conyugal, social o económico. Gran parte de estos derechos está determinada por la costumbre y no por la ley; por lo tanto son mucho más difíciles de obtener por medio de la acción política, que para sus abuelas era el medio de ponerse políticamente en un pie de igualdad[9] con los hombres. Muchos de los derechos legales exigidos entonces se han logrado, pero no todos; en muchos casos, el resto depende de la acción individual en

---

[5] afán igualitario... política: *desire for equality and political naiveté*
[6] apuntó... asalariadas: *aimed at the pocketbooks of the women wage earners*
[7] alentaron: *inspired*
[8] pensar... reivindicaciones: *think rather of claims*
[9] ponerse... igualdad: *to stand politically equal with*

alguno de los cincuenta estados de la Unión. El proceso sigue siendo[10] largo y fatigoso.

La *Women's Lib* es una protesta reciente y juvenil. Algunos expertos aseguran que comenzó en 1963, cuando Betty Friedan, un ama de casa frustrada,[11] publicó un libro titulado *La mística femenina*.[12] En él atacaba a sus hermanas de la clase media por haberse atrincherado[13] en los pueblos suburbanos elegantes, ingresando así en una esclavitud, compelidas por los hombres de negocio, quienes sólo las venían como ventajosas consumidoras.

El momento era adecuado para la apasionada acusación. Al libro de Betty Friedan siguieron grupos de *Women's Lib* en cien ciudades; pero la pretensión de Betty Friedan —ser la madre de todos ellos— es disputada por las mujeres más jóvenes, cuya idea de la libertad incluye el desprenderse[14] de todas las presiones maternas.

En 1970, Kate Millett —joven y atractiva escultora además de triunfante especialista en publicidad— publicó un libro muy diferente: *Política sexual*.[15] Franco, combativo, realista, este libro expresa protestas más primarias que las de Betty Friedan: su título y su contenido ocuparon los titulares de los diarios. A Kate Millett no la irritaba su *status* cívico. Le indignaban muchas actitudes maculinas, y especialmente el tono protector con que los narradores contemporáneos presentaban a las mujeres como formas inferiores de objetos sexuales que existían principalmente para el placer masculino. En su libro cita ampliamente algunos de los fragmentos literarios más censurables, y esta táctica, como mucha literatura pornográfica, atrajo amplia atención hacia sus protestas. Uno de los autores citados replicó, ocupando casi un número íntegro de la revista *Harper's* con un ataque violento contra Kate Millett y la *Women's Lib*, titulado "Prisioneras del sexo.[16] El público se escandalizó. [...]

---

[10] sigue siendo: *continues to be*
[11] ama... frustrada: *a frustrated housewife*
[12] *La mística femenina:* The Feminine Mystique (Norton, 1963)
[13] por... atrincherado: *for having entrenched themselves*
[14] el desprenderse: *the loosening*
[15] *Política sexual:* Sexual Politics (Doubleday, 1970)
[16] *The author referred to here is Norman Mailer. His article in* Harpers *was later brought out as a book:* The Prisoner of Sex (Little, Brown, 1971).

¿Qué efecto ha tenido todo este descontento en la mujer que permanece en su casa, dedicada a las antiguas tareas femeninas: dar a luz y criar hijos,[17] mantener un hogar donde la familia se protege y alimenta? En este sector también se advierten tensiones. En muchos círculos, la familia norteamericana no es la fuerte entidad social de otras épocas; en estos momentos, los rasgos puritanos parecen estar debilitándose. También en esto intervienen la insistencia en la psiquiatría y en la felicidad personal a cualquier costo.

La proporción de divorcios ha aumentado, aunque no tanto como parecería sugerirlo la publicidad.[18] El viejo ideal de un único casamiento, celebrado en la juventud para toda la vida, no es compartido tan universalmente como en el siglo XIX. El divorcio es ampliamente aceptado como una tabla de salvación:[19] si el matrimonio resulta desgraciado,[20] ninguno de los cónyuges está condenado a padecerlo durante el resto de su vida. Al mismo tiempo, las relaciones extramatrimoniales, censuradas antes, parecen ahora aceptables entre los jóvenes.

También en esto dominan las condiciones económicas. Las muchachas que se casan y quieren continuar con su empleo, su arte o su profesión encuentran que la tarea de llevar una casa y trabajar afuera forman una combinación más difícil de lo que les habían hecho suponer los anuncios de las máquinas domésticas. Las criadas, que en otros tiempos las habrían liberado, ahora trabajan en fábricas, donde ganan más por menos horas de trabajo. La industria ha inventado máquinas que teóricamente alivian las labores domésticas; pero esas máquinas requieren habilidad para manejarlas y muchas veces deben ser reparadas; ninguna de las dos cosas es fácil. Lleva más tiempo hacer compras en los tan elogiados supermercados que llamar por teléfono al almacén. Los precios suben continuamente; para mantener bien una familia se necesitan dos salarios en vez de uno. Las dificultades económicas actuales empeoran la situación. Y cuando la mujer que trabaja vuelve a su

---

[17] dar ... criar hijos: *giving birth to and raising children*
[18] no tanto ... publicidad: *not as much as publicity would suggest*
[19] tabla de salvación: *the only way out*
[20] resulta desgraciado: *turns out to be a failure*

casa, tiene que cocinar, hacer las camas, ocuparse del marido y de los hijos. Las máquinas ayudan pero no mucho: no vendan heridas, ni divierten al marido, no dan de comer a los bebés ni les cambian los pañales.[21] En un plano ideal, sería de esperar que los hombres
5 ayudaran en las tareas domésticas, así como las mujeres ayudan ahora a ganar salarios. Pero todavía pocos están preparados para enfrentar semejante revolución.

Sin embargo, las condiciones crean exigencias. Una nación que propugna el ideal del más alto nivel educativo posible para todos
10 sus ciudadanos debe enfrentar ahora un hecho: es imposible esperar que la mitad de su población adulta y educada acepte el dominio incuestionable de la otra mitad, basado exclusivamente en el sexo. La civilización industrial, que necesita treinta y un millones de mujeres para trabajar en fábricas, tiendas y oficinas,
15 empieza a advertir un cambio: no se puede pretender que dichas mujeres se mantengan subordinadas a los hombres simplemente porque ésta ha sido la posición tradicional de la mujer.

Las manifestaciones organizadas del descontento y las propuestas para apaciguarlas se expresan como nuevas leyes, publica-
20 ciones, marchas de protesta, hasta motines.[22] Las manifestaciones no organizadas son más personales, están más extendidas y (aunque esto puede azorar[23] a las participantes) son más tradicionales. Estas manifestaciones surgen en todas las clases sociales y muestran todo los matices de la cortesía o de la grosería.
25 Las muchachas de buenas maneras e instruidas se reúnen en grupos pequeños (diez parece ser el número recomendado por *Women's Lib*), que se parecen a las reuniones de *bridge* de sus madres o a los talleres de costura de sus abuelas, hasta que empiezan a hablar. Los temas discutidos pueden ser similares, pero la manera de enca-
30 rarlos[24] es muy diferente. Como en los contemporáneos, en los grupos de otras épocas se comentaban los problemas con los maridos y las dificultades con los hijos, pero sin las implicaciones especializadas ni el grado de intimidad verbal común en los grupos

---

[21] ni les ... pañales: *nor do they change their diapers*
[22] hasta motines: *even riots*
[23] aunque ... azorar: *although this can startle*
[24] pero ... encararlos: *but the way of facing them*

de *Women's Lib*. En estas reuniones contemporáneas, igualdad y franqueza son palabras claves. Quienes hablan no están inhibidas por la vergüenza; pero tampoco invocan la franqueza que domina la literatura norteamericana actual como una forma de desafío: la usan para referir experiencias personales. Todo se permite. Los términos técnicos de la psiquiatría y del análisis psiquiátrico surgen con tanta facilidad como los términos biológicos y médicos que identifican órganos y prácticas sexuales. Esto no se hace por exhibicionismo ni para escandalizar, sino para presentar abiertamente los problemas.

Uno de los propósitos explícitos es "despertar la conciencia" en las camaradas y en el mundo; esta expresión técnica significa destruir los modos de pensar preexistentes y "luego descubrir gradualmente las formas en potencia en la experiencia desnuda",[25] ya se trate de la posición inferior de la mujer, de la necesidad de centros responsables donde las mujeres puedan dejar a los niños pequeños mientras trabajan, la conveniencia de cambiar de marido o la técnica para persuadir al actual de que lave la bañadera después de bañarse.

Estas conversaciones parecen servir de desahogo[26] para quienes hablan y quienes escuchan. En una ciudad de desconocidos, como New York, donde es posible no enterarse de la tragedia ocurrida en el departamento de al lado hasta que aparece la policía, esos grupos reemplazan las reuniones de buenos amigos que han caracterizado siempre a las poblaciones pequeñas. Hablar equivale a una terapia de grupo informal, que proporciona a la inexperimentada (que enfrenta los problemas por primera vez) oportunidad de conversar en un plano de igualdad con quienes quizás ya han luchado con dificultades íntimas semejantes.

La reacción del público ante el movimiento de *Women's Lib* va desde la aceptación entusiasta hasta el rechazo violento. Es evidente que la gente de todos los medios económicos y sociales responde en cuanto se menciona el tema. Muchos hombres los

---

[25] "luego . . . desnuda": *"then gradually discovers the forms in power through actual experience"*
[26] servir de desahogo: *to serve as an outlet*

despachan[27] con una carcajada; pocos están dispuestos a pensar en él. La reacción femenina varía con la edad. Las jóvenes dicen ¿por qué no?, y se preparan a discutir. El grupo intermedio, las nacidas después de 1920 que se rebelaron contra el feminismo declarado
5 de sus madres, está desconcertado[28] ante esta nueva energía dedicada a una serie de antiguas quejas; las más viejas que todavía atesoran recuerdos de la fuerza y el idealismo desplegados[29] en la lucha de setenta años por el sufragio femenino consideran el movimiento de *Woman's Lib* débil, desigual, y —como las revueltas
10 estudiantiles contemporáneas —hasta el momento predominantemente negativo. En su corta vida, el nuevo feminismo ha atraído mucho más atención pública que la lucha por el voto; pero las sufragistas experimentadas creen que debería concentrarse en metas específicas[30] para obtener un éxito amplio.
15 Queda por ver si esta explosión verbal representa algo más que una válvula de escape y una sensación nacional de alivio al pensar y hablar sobre algo menos personalmente opresivo que la trágica guerra de Vietnam. Para los críticos pensantes, *Women's Lib* es todavía un conjunto de caprichos y fragmentos.
20 Sin embargo, es posible que por su naturaleza misma el antiguo deseo femenino de liberarse del sometimiento tradicional al hombre tenga que proceder de esta manera fragmentaria. Por el momento no representa de ninguna manera un deseo universal, ni siquiera en los Estados Unidos. En la década de 1920, la *Revista de*
25 *Occidente,*[31] dirigida entonces por José Ortega y Gasset, publicó un ensayo donde el filósofo alemán Georg Simmel se preguntaba qué tipo de mundo querrían las mujeres si alguna vez pudieran rehacer el existente de acuerdo a sus deseos. Hasta ahora, las nuevas feministas no han enfrentado el problema en toda su
30 extensión y profundidad. En la década de 1920, el filósofo predijo que cuando las mujeres obtuvieran el poder que les permitiera una

---

[27] lo despachan: *dismiss it*
[28] está desconcertado: *is disturbed*
[29] desplegados: *displayed*
[30] debería... metas específicas: *ought to concentrate on specific goals*
[31] Revista de Occidente: *Spain's most eminent intellectual journal of modern times*

decisión semejante, tardarían todavía cien años en descubrir qué clase de mundo querían verdaderamente. Si Simmel tenía razón, al movimiento de *Women's Lib* le queda todavía un largo camino por recorrer. La primera prueba se producirá cuando esta generación rebelde trate de trasmitir su indignación y sus propósitos a la generación siguiente.

(Edited from *Sur*, Nos. 326-328, septiembre 1970–junio 1971, pp. 55–62)

PREGUNTAS

1. ¿Por qué se usa la abreviatura *Women's Lib*?

2. ¿En dónde tiene sus raíces el nuevo feminismo?

3. ¿Cuál ha sido la influencia de las dos guerras mundiales en el desarrollo del nuevo feminismo?

4. ¿Qué piden ahora las mujeres que no pedían las mujeres sufragistas?

5. ¿Por qué son más difíciles de obtener los derechos que las mujeres piden ahora?

6. ¿Cuándo empezó el movimiento llamado *Women's Lib*?

7. ¿Quién es Betty Friedan y qué escribió?

8. ¿Qué escribió Kate Millett y cómo se diferencia su libro del libro de Betty Friedan?

9. ¿Qué efecto ha tenido todo este descontento en la mujer que permanece en casa?

10. ¿Cómo son "las manifestaciones no organizadas" de *Women's Lib*?

11. ¿Cuáles son "las palabras claves" en estas reuniones?

12. ¿Cómo es la reacción del público ante el movimiento de *Women's Lib*?

13. ¿Le queda al movimiento *Women's Lib* un largo camino por recorrer?

TEMAS DE DISCUSIÓN

1. ¿Cree Ud. que el movimiento *Women's Lib* ha influido en la vida de la muchacha universitaria?

2. ¿Son realmente diferentes la mujer norteamericana y la mujer hispanoamericana?

3. ¿Tiene el movimiento *Women's Lib* algo que ver con el aumento de divorcios?

4. ¿Quién es el verdadero iniciador del *Women's Lib*, Betty Friedan o Kate Millett?

SELF-STUDY WORD TEST

I. SPANISH-ENGLISH. Select the best translation for the following:

1. **queja** *(a) fire, combustion (b) broken (c) complaint (d) remainder*
2. **campaña** *(a) bell (b) countryside (c) ring (d) campaign*
3. **citar** *(a) to quote (b) to recite (c) to seize (d) to aim*
4. **jornada** *(a) working day (b) journal (c) complaint (d) trait, feature*
5. **lograr** *(a) to obtain (b) to place (c) to grasp (d) to exchange*
6. **rasgo** *(a) rasp (b) trait (c) clear (d) policy*
7. **a la vez** *(a) to seem or appear (b) at the same time (c) again (d) at that time*
8. **meta** *(a) metal (b) low plain (c) goal (d) point of view*
9. **ingresar** *(a) to draft (b) to command (c) to join (d) to injure*
10. **revuelta** *(a) revolt (b) failure (c) complaint (d) relief*

II. SPANISH-SPANISH. Select the best Spanish synonym:

1. **quedar pendiente** (a) repeler (b) que está por resolverse (c) en disposición de (d) aceptar
2. **adecuado** (a) demasiado grande (b) excelente (c) apropiado (d) raro
3. **en cuanto** (a) tan pronto como (b) rápido (c) lento (d) tarde
4. **dar a luz** (a) iluminar (b) anochecer (c) parir (d) lucir
5. **habilitar** (a) hacer apta (b) rechazar (c) quejar (d) proveer
6. **prestar atención** (a) escuchar (b) cerrar (c) rechazar (d) devolver

7. **táctica** (a) cortés (b) tacto (c) estrategia (d) tácito
8. **por medio de** (a) para que (b) tanto que (c) mediante (d) midiendo
9. **por lo tanto** (a) después de (b) por consiguiente (c) entretanto (d) debido a
10. **estar dispuesto a** (a) tarde a (b) preparado (c) distraído (d) adecuado

3

Víctor Raúl Haya de la Torre *(Peru, 1895–) is a leftist political leader and provocative essayist best known as the founder of* APRA (Alianza Popular Revolucionaria Americana), *a pro-Indian, Marxist oriented political party which still exists as ideological force in Spanish America today. He discusses his Marxist philosophy of history and society in* Espacio-tiempo histórico *(1948).*

Much like that of José Revueltas, the life of Haya de la Torre has been one of constant agitation for the improvement of the economic, political, and social values of the masses of disadvantaged and underpriviledged Spanish Americans. His ideologic leanings, for example, forced him to seek refuge in the Colombian Embassy in Lima, Peru, in the wake of political violence in that country in 1949. He remained a virtual prisoner in the Embassy until 1954 when the force of international public opinion motivated his release. Haya de la Torre, who is among the most forceful writers in Spanish American letters, has written some sixteen books and numerous articles. The following selection taken from ¿A dónde va Indoamérica? *(1936), a collection of his early writings, focuses on a recurrent theme in Latin American writing: the question of hemispheric identity among the Spanish-speaking peoples.*

VOCABULARIO

reclamar	exigir	*to demand*
haber de	deber de	*to be to . . . , to have to or ought to be*
demostrar	probar	*to demonstrate*
empeñarse en	insistir en	*to insist on, persist in*
jira (*f*)	excursión (*f*)	*outing, excursion*
denominar, denominación (*f*)	nombrar, nombre (*m*)	*to name, name*
agregar	añadir	*to add*
tener razón	ser verdadero o ser justo	*to be right*
complacer	agradar	*to please, accommodate*
negar	no conceder, rechazar	*to deny, refuse*
correr el riesgo de	exponerse a	*to run the risk of*
apropiarse	apoderarse	*to take possession of*
vocablo (*m*)	palabra (*f*)	*word*
resultar	ser consecuencia	*to turn out to be*
acercarse	aproximarse	*to approach*
en todo caso	en cualquier caso	*in any case*
quizá	tal vez, posiblemente	*perhaps*
tender	inclinarse	*to tend to*
plantear	establecer	*to establish*
aprecio (*m*)	estima (*f*)	*esteem*
presuntuoso	orgulloso	*presumptuous*
picar	excitar	*to pick, i.e., to excite*
inconveniente (*m*)	estorbo (*m*)	*difficulty, obstacle*
empresa (*f*)	proyecto (*m*)	*undertaking*

Cuestión de nombres
VÍCTOR RAÚL HAYA DE LA TORRE

En algunos diarios ingleses, y con motivo del viaje[1] del Príncipe de Gales[2] a varios de nuestros países, han aparecido cartas de brasileños[3] y cubanos con un reclamo que ha de parecer raro. Dicen los brasileños que no deben los diarios ingleses llamar a la
5 "tournée" del Príncipe "Hispanoamericana", porque ellos no son españoles de origen, sino lusitanos[4] y el Príncipe va también al Brasil. Reclaman los cubanos contra la denominación "viaje a Sud América", que se da a la jira,[5] porque Cuba no es Sud América y el Príncipe va también a La Habana.
10 Aparentemente los reclamos son pueriles[6] y demuestran que no sólo hay desocupados ingleses en Inglaterra, sino también en el Nuevo Mundo no sajón. Empero, si el caso del Príncipe no tiene mayor importancia, lo tiene en verdad la cuestión del nombre. Muy frecuentemente llaman los ingleses Sud América a todo lo
15 que no es Estados Unidos o Canadá en el continente americano. Hay quienes se han empeñado en propagar el vocablo compuesto "Hispanoamérica" o "Iberoamérica" para denominar a nuestros veinte países, pero no faltan protestas de brasileños y haitianos[7] contra tal generalización que consideran antihistórica.
20 Sabíamos, que en España los catalanes,[8] o una parte de ellos,

---

[1] con motivo del viaje: *on the occasion of the trip*
[2] Príncipe de Gales: *Prince of Wales*
[3] brasileños: *Brazilians*
[4] lusitanos: *Lusitanians, i.e., Portuguese*
[5] que se da . . . jira: *which is given to the trip*
[6] pueriles: *childish*
[7] haitianos: *Haitians*
[8] catalanes: *inhabitants of Cataluña, a province in northeast Spain bordering on France and the Mediterranean*

objetaban la denominación "Hispanoamérica" en nombre de su derecho de participantes en la obra de la colonización americana. Desde que el señor Ulloa, peruano, se ha empeñado en demostrar que Colón[9] no fue genovés, sino catalán, el derecho de Cataluña sobre América resulta fortalecido. Parece, pues, que en España se ha optado por el nombre "Iberoamérica", para distinguirnos de los Estados Unidos y Canadá. Empero, los brasileños protestan porque dicen no ser iberos sino lusitanos de lengua más que de origen. Esto ha obligado a agregar la palabra lusitano a la denominación de nuestra América, habiéndose inventado un vocablo o una serie de vocablos reunidos que se usan por algunos para designarnos: "Ibero-Lusitano-Americanos". Los haitianos a su vez reclaman, porque ellos no son ni iberos, ni lusitanos, sino africanos[10] de raza y franceses de lengua, lo que importa suponer que para complacerlos y ser justos, histórica, lingüística y étnicamente, el verdadero nombre nacional, común a nuestras veinte repúblicas, debería ser: "Ibero-Lusitano-Franco-Africa-Americanos", vale decir un completo trabalenguas[11] digno de darse como prueba de elocución a un alemán o a un inglés de los que aprenden nuestro idioma.

Ya se había oído en Alemania protesta de algunos brasileños cuando se proyectó[12] formar el Instituto Iberoamericano, y más aún cuando se trató de reunirlo[13] con el Instituto Germano-Brasileño de Bonn. No han faltado haitianos que sintiéndose justamente parte de nuestra América hayan protestado de su exclusión. Si examinamos los reclamos, no es posible negar justicia a brasileños y haitianos porque ambos pueblos son parte integrante de nuestra América, el uno por muy vasto e importante y el otro por muy pequeño y sufrido y porque fue en nuestra lucha con España colaborador decisivo en la época de mayores dificultades de la empresa bolivariana.

---

[9] Colón: *Christopher Columbus (1451–1506)*
[10] ni ... ni ... sino africanos: *they are neither Iberians nor Portuguese, but rather Africans*
[11] vale ... trabalenguas: *it is like a tongue twister* N.B.: *Read this sentence as two sentences, the second beginning with* vale.
[12] se proyectó: *was planned*
[13] más aún ... reunirlo: *even more when they tried to bring it together*

Además no han de faltar[14] de nuestro lado nacionalistas quisquillosos[15] que protesten porque en todas esas complicadas denominaciones el vocablo América se coloca "despectivamente"[16] en último término. Nosotros somos — dirán — ante todo americanos y después de americanos, ibero-lusitano-franco y lo demás. No ha de faltar quien diga que tienen razón, y quizás también haya derecho a estimar tal demanda como justa.

Creo que en todo caso debemos considerarnos muy afortunados de la disputa, porque, tanto los que pretenden apropiarse de nuestra América siquiera por el nombre,[17] como los que defienden ardorosamente el sentido de nuestra unidad continental, demuestran comprender la importancia que van cobrando nuestros pueblos, no como fracciones o "patrias chicas",[18] sino como gran conjunto geográfico, político, económico y cultural.

Ahora que la disputa, fuera de América, es baladí.[19] Todo se soluciona con un nombre común que nos comprende sin excepciones y que es universalmente admitido para denominarnos: América Latina. Latino es el origen de todas las lenguas no autóctonas que se hablan en nuestra América y latina es la denominación genérica de las razas europeas que colonizaron nuestros países. Y como no existe ningún pueblo que lleve como nombre el vocablo Lacio o Latino, no corremos el riesgo de seguir apareciendo como colonias geográficas de ningún país europeo y comprendemos en tal vocablo el origen más directo de nuestra cultura occidental. Esto, mientras no reconozcamos que otra denominación más exacta es Indoamérica.

Indoamérica sería tema también para interesantes discusiones. Si no damos por comprobada[20] la tradición que Ricardo Palma recoge acerca de la procedencia indígena del vocablo América — cuyo origen atribuye a una equivocada respuesta de los naturales de "Tierra Firme" a Colón, acerca del país que descubría, —

---

[14] no han de faltar: *there shouldn't be lacking*
[15] quisquillosos: *oversensitive*
[16] despectivamente: *contemptibly, scornfully*
[17] siquiera ... nombre: *even in name*
[18] patria chica: *"little fatherland"—that is, a devotion to a region rather than a nation*
[19] baladí: *worthless*
[20] si ... comprobada: *if we don't accept*

aceptaremos que América viene de Américo y que tal fue el nombre del florentino Vespucio,[21] navegante y descubridor. Así resulta que América es nombre italiano, latino [...] La combinación Indo-América, que Jiménez de Asúa[22] critica, parece, pues, acercarse a la expresión más justa.

Como todavía predomina el poco aprecio a nuestra raza autóctona y muchos creen comprenderla ya en el vocablo América, no es inexacta históricamente, y es también breve la denominación América Latina. Creen algunos que llamarnos latinoamericanos es presuntuoso. Suponen que intentamos declararnos herederos directos de Roma, en un sentido cultural y político. Obvio es demostrar que la crítica es injusta, por más que por[23] el prestigio del vocablo Latino en Europa, hablar de una América Latina es picar la imaginación de los admiradores de la cultura romana y hacerles pensar que quizá al otro lado del Atlántico esté surgiendo una nueva Roma, para un año que no hemos de vivir. Esto, para los "patriotas de la patria grande", es como compensar cierto desprestigio de nuestros pueblos en Europa, donde popularmente se nos imagina o un vasto conjunto de tribus o una rica colonia norteamericana.

El inconveniente mayor—conceptual, no lingüístico—de la denominación "Ibero-Lusitano-Franco-Americano", radica en que[24] tiende a fraccionarnos como nación. Cualquiera de las formas que no sean[25] las de América Latina o Indoamérica plantea distinciones, fraccionamientos y separatismos. Estamos bastante divididos y distanciados entre nosotros y nos conocemos muy poco, para que ahondemos el alejamiento por una cuestión de nombres.[26] Nuestros intereses y nuestros problemas — sobre todo nuestros peligros — son comunes, y nuestra unión más que un bello idealismo es un imperativo de la realidad. Nuestra comunidad con los pueblos de Europa que nos legaron parcialmente lengua y

---

[21] Américo Vespucio *(1451-1512), Italian navigator, eponym of America*
[22] Jiménez de Asúa *(1889–), Argentinian lawyer and writer*
[23] por más que por: *however much*
[24] radica ... que: *stems from the fact that*
[25] cualquiera ... sean: *whichever of the forms (names) which are not*
[26] para que ahondemos ... nombres: *for us to deepen the gap because of a question of names*

raza es más sentimental. No necesitamos de los pueblos europeos a los cuales estamos vinculados históricamente, como necesitamos estrechar la vinculación[27] y el conocimiento en nuestros países. Aunque, es cierto que la influencia de un nombre común no es decisiva, también es verdad que la diversidad de denominación entre nosotros es como un recordatorio[28] permanente de separaciones y diferencias. Creo que la mayor sorpresa de un latinoamericano que no ha salido nunca a conocer otros de nuestros países, es descubrir su semejanza. Con todo entusiasmo, un ilustrado profesional de Chile después de largo viaje por Sur y Centro América, me declaraba que encontraba pueril no llamarse latinoamericano. "Para comenzar — me decía, — cuando llego a un hotel en Europa anoto mi nacionalidad como latinoamericano y como hacen los yanquis que agregan el nombre de su Estado al de la nación estadounidense, agrego yo el de mi Estado, Chile". A esto contribuye el afán simplista del europeo que divide a los americanos en dos denominaciones genéricas: Americano, es el del norte, y latinoamericano es el que no es Americano del norte. Hay que imaginar la confusión que produciría quien se llame "Ibero-Lusitano-Franco-Americano", en estos países donde cada día se inventan abreviaciones y contracciones de largos títulos, para evitarlos. La ley del menor esfuerzo no admite nombres extensos. Una sucesión de cuatro palabras para denominarnos es como el afán de las personas que usan cinco apellidos y exigen que todo el mundo los aprenda. Muy tradicional y muy romántico, pero poco moderno y práctico.

(From: *¿Adónde va Indoamérica?* , Santiago, Chile, 1936)

---

[27] como ... vinculación: *as much as we need to tighten the bond*
[28] recordatorio: *reminder*

PREGUNTAS

1. ¿Cuáles son los reclamos de cubanos y brasileños que han aparecido en algunos diarios ingleses?

2. ¿Qué importancia tiene el caso del Príncipe de Gales?

3. ¿Por qué objetaban los catalanes la denominación "Hispanoamérica"?

4. ¿Cuál debe ser histórica, lingüística y étnicamente el verdadero nombre de las veinte repúblicas americanas?

5. ¿Cómo se soluciona la disputa sobre el nombre?

6. ¿Por qué creen algunos que la denominación América Latina es un poco presuntuoso?

7. ¿Cuál es el mayor inconveniente conceptual de la denominación "Ibero-Lusitano-Franco-Americano"?

8. ¿Por qué prefiere llamarse "latinoamericano" un ilustrado profesional de Chile?

TEMAS DE DISCUSIÓN

1. ¿Cuál debe ser el verdadero nombre de los países latinos?

2. En realidad, ¿es importante el nombre de un país o una nación?

3. ¿Si Ud. pudiera, cambiaría la denominación "Los Estados Unidos"?

4. ¿Cree Ud. que existe un sentido de unión en la América Latina?

SELF-STUDY WORD TEST

I. SPANISH-ENGLISH. Select the best translation for the following:
1. **vocablo** (a) *vowel* (b) *word* (c) *voice* (d) *vocabulary*
2. **quizá** (a) *perhaps* (b) *not even* (c) *although* (d) *however*

3. **plantear** *(a) to plant (b) to establish (c) to remove (d) to parallel*
4. **denominación** *(a) name (b) church group (c) delay (d) denouncement*
5. **jira** *(a) grain (b) excursion (c) gourd (d) tower*
6. **aprecio** *(a) support (b) apogee (c) nickname (d) esteem*
7. **complacer** *(a) to compliment (b) to compete (c) to condense (d) to please*
8. **tender** *(a) to have (b) to tend to (c) to make tender (d) to tender a resignation*
9. **reclamar** *(a) to supply (b) to aggravate (c) to believe (d) to demand*
10. **empeñarse en** *(a) to insist on (b) to pawn (c) to make worse, impair (d) to harden*

II. SPANISH-SPANISH. Select the best Spanish synonym:
1. **presuntuoso** (a) orgulloso (b) temible (c) permanente (d) presuroso
2. **acercarse** (a) salir de (b) correr hacia (c) aproximarse (d) darse a
3. **tener razón** (a) ser falso (b) ser justo (c) ser presuntuoso (c) ser recto
4. **empresa** (a) sin embargo (b) proyecto (c) protesta (d) por consiguiente
5. **demostrar** (a) mudar (b) probar (c) complacer (d) desarrollar
6. **negar** (a) exponer (b) aceptar (c) rechazar (d) conceder
7. **agregar** (a) añadir (b) agitar (c) agradar (d) aliviar
8. **apropiarse** (a) aproximarse a (b) aprobar (c) apoderarse (d) dar una propina a
9. **picar** (a) plantear (b) excitar (c) dañar (d) destruir
10. **inconveniente** (a) increíble (b) injusto (c) estorbo (d) despedida

4

José Revueltas *(Mexico, 1914–) is among the most militant and politically concerned authors in Spanish American letters. The son of a miner, he was committed to a reformatory for his activity with the Communist party at the age of fifteen and subsequently imprisoned on other occasions on charges of political conspiracy and subversion. During brief respites from prison he worked as a reporter for* El Popular *and wrote short stories. His first novel,* Los Muros del agua *(1941), written while he was confined to a penal colony on María Island, won him immediate recognition.*

A passionate man of deep and often contradictory feelings, Revueltas has been in the political limelight for the past two decades. During the sixties, he became an antiestablishment figure with a strong following among Mexico's more dissident student population. He took part, for example, in the student uprisings, which followed the 1968 Olympic games in Mexico City and was again encarcerated. The following selection, which appeared in the Mexican newspaper El Excélsior, *is an interview with Revueltas conducted by the Mexican journalist Raúl Torres Barón. In it Revueltas touches upon a number of topics of contemporary interest including the problem of political repression in modern society. For your convenience in reading, the speakers in this interview have been indicated by letters in the left hand margin: "R" for Revueltas and a "B" for Raúl Torres Barón.*

VOCABULARIO

descontento (*m*)	disgusto (*m*)	*discontent*
partido (*m*)	grupo político (*m*)	*party (political)*
convenir	ser a propósito	*to be suitable or agreeable to*
enajenar	desposeer, vender	*to dispossess, alienate*
aprovechar	utilizar	*to make use of, benefit from*
meditar	pensar en	*to meditate*
huelga (*f*)	cesación del trabajo en señal de protesta	*strike*
actualmente	en el tiempo presente	*at present, nowadays*
papel (*m*)	función que uno cumple	*role*
pelear	luchar	*to fight*
disentir	pensar de modo distinto de otro	*to dissent, differ*
preso (*m*)	prisionero (*m*)	*prisoner, convict*
reprimir	contener, refrenar	*to repress*
autonomía (*f*)	independencia (*f*)	*autonomy*
presión (*f*)	tensión (*f*)	*pressure*
maltratar	tratar mal	*to abuse, mistreat*
tarea (*f*)	trabajo (*m*)	*task, job*
anhelar	desear	*to desire*
propósito (*m*)	objeto (*m*)	*purpose, aim*
fracasar	malograrse	*to fail*
régimen (*m*)	forma de gobierno	*regime*
escala (*f*)	sucesión, gradación (*f*)	*scale*
ventaja (*f*)	superioridad (*f*)	*advantage*
partidario	que sigue un partido, prosélito (*m*)	*partisan, supporter*

Un partido político para jóvenes, ilusorio
JOSÉ REVUELTAS

El escritor José Revueltas dijo ayer a EXCELSIOR: "La creación de un partido político para los jóvenes es ilusoria:[1] no es posible institucionalizar el descontento".

Rodeado de estudiantes, serio, enfundado en una gruesa chamarra color café,[2] el hombre que ha estado en prisión más veces que ningún otro dirigente político señaló que un partido para los estudiantes sólo conviene al gobierno.

R— Cualquier partido... cae dentro de la concesión graciosa que usa el poder público para manipular y enajenar a los hombres. En el caso de los estudiantes, un partido propiciaría[3] su corrupción o su represión.

B— —¿Es la calle el único medio de lucha para los estudiantes?

R— —La calle no es el único medio de lucha, pero tenemos derecho a ella. Salgamos o no, es cuestión de táctica, pero no renunciamos a ese derecho. No creo, sin embargo, que la calle sea nuestra arma principal.

Revueltas estaba sentado tras de una mesa cubierta de hojas mimeografiadas, en un salón semioscuro de la Facultad de Filosofía y Letras. Los muros tapizados de papeles y leyendas alusivas a la refriega[4] del 10 de junio.

[1] ilusoria: *illusory, deceptive*
[2] enfundado... café: *wrapped in a thick, coffee-colored sweater*
[3] propiciaría: *would propitiate, make favorable*
[4] refriega: *skirmish*

B— —Herberto Castillo dice que se ha abierto una brecha para encauzar[5] democráticamente, legalmente, las aspiraciones de los jóvenes, ¿opina usted igual?
R— —Creo que hay que aprovechar cualquier resquicio[6] para una actividad democrática. Sin embargo, ahora hay que esperar. Nosotros creemos que hay que hablar en términos radicales y absolutos. Una sociedad no puede ser modificada por las brechitas. Necesitamos un camino franco, abierto, leal, cuyo contenido sea real.
B— —El Presidente sostiene que la Constitución otorga amplios márgenes para actuar y disentir públicamente.[7]
Revueltas meditó. Volvió la vista hacia los estudiantes que lo observaban con atención y respondió:
R— —Evidentemente, la Constitución ofrece caminos amplios para actuar democráticamente. Lo único que anula esa amplitud es el carácter puramente mítico de la Constitución. A la Constitución se le observa con formalismo en su aspecto exterior, pero se le anula con reglamentaciones particulares y locales,[8] como, es el caso de las reformas al Código Penal, al Artículo 145, que empeoraron su contenido anticonstitucional. Ahora, cualquier huelga puede ser traición a la patria.
B— —Si no es un partido político, si no es la calle, ¿cómo puede manifestarse el movimiento estudiantil? "
R— —Actualmente lo discutimos. Nuestro problema es la organización no sólo en relación con las actividades académicas sino por lo que corresponde al papel de los universitarios en el contexto social. Hemos vivido en México un sistema antihistórico y ahistórico, de ficción jurídica, de ficción constitucional, de ficción institucional y política. Creo que García Márquez[9] se inspiró en México para escribir "Macondo" (*Cien años de soledad*), y no en Colombia.

[5] se ha... encauzar: *an opening has been made to channel*
[6] resquicio: *opportunity*
[7] otorga... públicamente: *bestows wide margins to act and dissent publicly*
[8] A la Constitución... locales: *the Constitution is observed formally in its exterior aspect [on the surface] but it is annulled by special local regulations*
[9] Gabriel García Márquez (1928–), *Colombian novelist and author of a series of best-selling novels* (La mala hora, El coronel no tiene quién le escriba, Cien años de soledad, *etc.*)

B— —¿Reconoce usted que hay un cambio de actitud del régimen para tratar las cuestiones estudiantiles?
R— —Sí. Es un cambio de actitud, plausible, pero que tiene que demostrarse con más hechos. Uno de ellos es la excarcelación[10] de los presos políticos.
B— —¿Considera usted también presos políticos a quienes han sido encontrados con armas y planes para provocar una revuelta, como los del MAR? [11]
R— —Sí. Equivocados o no, fueron impulsados por motivos políticos. Nosotros creemos que la violencia es también, en muchos casos, un arma política, así incurra[12] en infracciones de un orden legalista.
B— —Hay la impresión de que el movimiento estudiantil está dividido. Unos dirigentes se manifiestan por la creación de un partido, otros no, y en ocasiones llegan a pelearse. ¿Cree usted que eso favorece la imagen del movimiento ante la opinión pública?

La Universidad, Conciencia de México

R— —Lo que ocurre es que en México no estamos acostumbrados a las discrepancias, a disentir públicamente. Cuando se presentan las diferencias y se manifiestan en grupos politizados, la gente que no practica la crítica tiene la impresión de que nos separan los abismos. No es así. En la Universidad hay una amplia gama de opiniones.[13] En el país también. La diferencia está en que mientras en la UNAM[14] sí se manifiestan esas discrepancias, en el país no.
B— —¿A qué atribuye eso?
R— —A que la Universidad es la conciencia de México. Los estudiantes representan el único "escape de conciencia" en un país donde el pensamiento ha estado monopolizado durante cuarenta años, por un Estado que ha reprimido toda oposición... con sangre.

---

[10] excarcelación: *freeing*
[11] MAR: *reference to leftist group*
[12] incurra: *falls into, incurs*
[13] amplia... opiniones: *a broad range of opinion*
[14] UNAM: *abbreviation for National Autonomous University of Mexico*

Revueltas observó que el reportero había anotado en la libreta las últimas palabras y prosiguió:

R— —La conciencia nacional ha tenido que escapar, por las presiones y represiones, a las universidades, porque allí rige por fortuna el principio de la autonomía universitaria[15] y de la libre cátedra. No obstante que ha sido violentada y maltratada por el poder, la autonomía se ha logrado mantener. Nosotros creemos que al perder su independencia el proletariado, su conciencia ha revertido a la Universidad, y es ahora la Universidad la que desea que esa conciencia revierta en todo el país.

Mientras el escritor hablaba, los estudiantes lo observaban. Y cuando daba una respuesta ingeniosa o rápida, sonreían. Después volvían al silencio. Ninguno lo interrumpió.

B— —¿Cuáles son las diferencias de fondo entre usted y Castillo?

B— —Que Castillo propone remiendos,[16] y yo reformas. El país no requiere remiendos, sino modificar sus estructuras. El hecho de que discrepemos[17] es un reflejo del ambiente democrático que reina en la Universidad. En vez de injuriarlo, lo llamamos a discutir, y él acepta.

B— —¿Qué piensa del gobierno del Presidente Echeverría?[18]

R— —Mi criterio es histórico y no político, y está basado en situaciones contextuales. Es decir, para mí el gobierno obedece a un sistema y no podrá salirse de ese sistema a menos que se niegue a sí mismo. Una verdadera actitud crítica frente al gobierno es su negación. Negarlo con las armas de la crítica hasta que llegue el momento de la crítica de las armas.[19]

No Hay Fuerzas Revolucionarias

B— —¿Cree llegado el momento para utilizar en México lo que usted llama la "crítica de las armas"?

---

[15] allí . . . autonomía universitaria: *there the principle of university autonomy is in force*
[16] remiendos: *repairs*
[17] El hecho . . . discrepemos: *the fact that we might disagree*
[18] Presidente Echeverría: *President of Mexico, 1970–*
[19] Negarlo con . . . crítica de las armas: *Deny it with the weapons of criticism until the moment to criticize it with weapons arrives.*

R— —No. No hay condiciones. Creo que en mucho tiempo no habrá una revolución.
B— —¿Por qué?
R— —Porque no hay fuerzas potencialmente revolucionarias. La UNAM es ahora la única capaz de catalizar[20] esas fuerzas y sacar a superficie a sus demandas y aspiraciones, pero ni los estudiantes ni los intelectuales quieren organizar o dirigir a los trabajadores.
B— —¿Cuál es, en este momento, la tarea del estudiante y del intelectual?
R— —La de ser críticos trasformadores. Yo, en lo personal, no sólo sería un oposicionista en este régimen, sino también en un país socialista, porque la tarea del pensamiento es la crítica de la realidad, para lograr su perfeccionamiento...
—El intelectual quiere vivir en paz y no en guerra — no aludo a paz ni a guerra—. Esa paz doméstica la anhelan los intelectuales con toda su alma, porque el pensador tiene naturaleza individualista[21] que a veces se opone a la noción de persona... Tal vez aludo a algunos amigos, pero también creo en la amistad crítica.
B— —Volviendo al tema —insistimos—, ¿en qué forma podrían contribuir mejor los estudiantes al cambio de estructuras?
R— —En la concientización de la opinión pública,[22] de las masas. Los jóvenes, por sí mismos, no constituyen una fuerza autónoma ni decisiva. De constituirlo, sería posible la revolución juvenil.

Había pasado casi una hora de plática, y Revueltas estaba tan resuelto a continuar el interrogatorio como al principio.

Fracaso del Socialismo y del Capitalismo

B— —¿Es cierto que el propósito final de los jóvenes es tomar el poder para establecer en México un régimen de tipo socialista?
R— —Creo, personalmente, que el socialismo ha fracasado en escala mundial. Ha fracasado en el aspecto humano, por el burocratismo y el estatismo. Creo que la experiencia histórica ha fusionado dos grandes fracasos, la democracia burguesa y el socialismo estatal.

---
[20] catalizar: *catalyze, change*
[21] naturaleza individualista: *individualistic personality*
[22] concientización... pública: *the awakening of public consciousness*

B— —Si ambos, socialismo o capitalismo, han fracasado, ¿qué régimen desean para México?
R— —Con base en las experiencias de ambos, deseamos extraer una síntesis. Queremos un socialismo democrático y libre, sin mordazas.[23] A nosotros nos interesan más la libertad y la democracia que la socialización de los medios de producción. Eso deseamos en México.
B— ¿Hay ventajas aprovechables en los países del Occidente?
R— —Sí. Algunos países occidentales aventajan[24] a los socialistas porque mantienen la libertad de expresión, y la de cátedra. En los países socialistas, hay que reconocerlo, no hay libre cátedra ni autonomía. Todo es del Estado. Hay que pedirle permiso al Estado, por ejemplo, para leer a Aristóteles. Y León Trosky no existe en la historia ofical rusa.[25]
B— —¿Políticamente, cómo se define usted? ¿comunista? ¿troskista? ¿izquierdista?
R— —Como un revolucionario sin partido.
B— —¿Tal vez un anarquista?
R— —No. Un hombre político.

"Nuestra Misión Es Criticar"

B— —¿Simpatiza en especial con alguna filosofía?
R— —Soy partidario de la razón dialéctica. Simpatizo con el troskiano,[26] pero lo considero demasiado aprisionado por la ideología...
—La crítica es lo único que perdurará. La aparición del *homo sapiens* es una crítica de la naturaleza,[27] porque la naturaleza se hizo entonces pensante. Ahora, nuestra misión es criticar, para mejorar, para transformar.
B— —¿Cuántas veces ha estado en la cárcel?
R— —En verdad, he perdido la cuenta. Algunos dicen que ya me

---

[23] mordazas: *muzzles, gags*
[24] aventajan: *surpass*
[25] rusa: *Russian*
[26] Troskiano: *Trotskyism, followers of Leon Trotsky, Russian Communist ideologist*
[27] naturaleza: *nature. Note the difference in meaning from note 21.*

acostumbré, pero la verdad es que, haciendo un balance —sonrió— he pasado más tiempo en libertad que tras las rejas.

El escritor —a los 55 años peina canas[28] y representa mucho más— acompañó al reportero hasta la puerta de la Facultad de Filosofía para regresar luego a platicar con los "muchachos" en el mismo salón semioscuro.

(From: *El Excélsior*, domingo, 27 de junio de 1971)

PREGUNTAS

1. ¿Qué piensa Revueltas de la formación de un partido político para jóvenes?

2. Según Revueltas, ¿es la calle el único medio de lucha?

3. ¿Ofrece la Constitución caminos amplios para actuar democráticamente?

4. ¿Cómo puede manifestarse el movimiento estudiantil?

5. ¿Está dividido el movimiento estudiantil?

6. ¿Por qué es la universidad "la conciencia de México"?

7. ¿Qué piensa Revueltas del gobierno del Presidente Echeverría?

8. ¿Ha llegado el momento para utilizar en México "la crítica de las armas"?

9. ¿Cuál es la tarea del estudiante y del intelectual?

10. Según Revueltas, ¿ha fracasado el socialismo?

TEMAS DE DISCUSIÓN

1. ¿En verdad tiene poder político los jóvenes en los EE. UU.?

---

[28] peina canas: *has gray hair*

2. ¿Cuál debe ser la tarea del estudiante en los EE. UU.?

3. ¿Cuál debe ser el papel de la universidad en la vida política de un país?

4. ¿Hay fuerzas potencialmente revolucionarias en las universidades de hoy?

SELF-STUDY WORD TEST

I. SPANISH-ENGLISH. Select the best translation for the following:
1. **partido** *(a) party (b) part (c) revolt (d) leader*
2. **enajenar** *(a) to renounce (b) to fail (c) to dispossess (d) to reject*
3. **actualmente** *(a) actually (b) to acknowledge (c) nowadays (d) achievement*
4. **aprovechar** *(a) to avoid (b) to approach (c) to make use of (d) to be mistaken*
5. **huelga** *(a) strike (b) holdup (c) struggle (d) leader*
6. **reprimir** *(a) to abuse (b) to repress (c) to repeal (d) to aid*
7. **anhelar** *(a) to anticipate (b) task, job (c) to desire (d) to repress*
8. **pelear** *(a) to appeal (b) to appease (c) to fight (d) to forget*
9. **tarea** *(a) task (b) regime (c) to adopt (d) treason*
10. **convenir** *(a) to convey (b) to be suitable (c) to convene (d) to repress*

II. SPANISH-SPANISH. Select the best Spanish synonym:
1. **meditar** (a) medir (b) pensar en (c) platicar (d) montar
2. **descontento** (a) alegría (b) disgusto (c) apoyo (d) peligro
3. **dirigente** (a) escala, (b) líder, (c) doctor, (d) dignidad
4. **pelear** (a) no convenir con (b) estar de acuerdo con (c) divagar (d) luchar
5. **maltratar** (a) desconfiar de (b) tratar mal a (c) ingresar (d) pelear
6. **fracasar** (a) malograrse (b) salir bien (c) reprimir (d) disentir
7. **autonomía** (a) independencia (b) apoyo (c) automático (d) énfasis
8. **papel** (a) propósito (b) lo natural (c) función que uno cumple (d) nicho
9. **ventaja** (a) superioridad (b) beneficio (c) escala (d) problema
10. **presión** (a) libro (b) preso (c) ventaja (d) tensión

5

Germán Arciniegas *(Colombia, 1900–)*, *one of Latin America's best-known essayists, has had a productive and varied career. While a student at the Universidad Nacional de Colombia, in Bogotá, he edited the journal* Voz de la Juventud, *Universidad (1927–29) and subsequently the prestigious* Revista de las Indias *(1936–51). He has been a frequent contributor to Latin America's leading literary periodicals and authored a number of such important books as:* El estudiante de la mesa redonda *(1936)*, Este pueblo de América *(1945), and* América mágica: Los hombres y los meses *(1959). Arciniegas has spent a considerable amount of time in the United States. He was professor of Spanish American literature and sociology at the University of Chicago (1944), the University of California (1945) and Columbia University (1945–59). He has also represented his country in a number of diplomatic posts.*

The following selection was taken from Cuadernos *(1953–65), a journal published in Paris that Arciniegas directed from 1963 to 1965. It was written at a time when the revolutionary ideas of Cuba's Fidel Castro were receiving considerable attention in the Southern Hemisphere and in a sense it is a reply to that challenge.*

VOCABULARIO

fondo (*m*)	base (*f*)	*bottom*
zozobra (*f*)	inquietud (*f*)	*worry anxiety*
desviación (*f*)	desvío	*deviation*
ensayar	tratar	*to try, to attempt*
encarar	enfrentar	*to face*
atraso (*m*)	retraso (*m*)	*backwardness, delay*
satélite (*m*)	dependiente (*m*)	*satellite*
férreamente	duramente	*strongly, harshly*
nivel (*m*)	altura (*f*)	*level*
bloque (*m*)	grupo político	*bloc*
trato con	relaciones con	*dealings, social relations*
desplegar	desdoblar	*to unfurl*
traspaso (*m*)	transferencia	*transfer*
haberes (*m*)	bienes (*m*)	*property, goods*
sondear	explorar	*to sound out, to probe*
esclarecer	iluminar	*to make clear*
abarcar	incluir	*to contain, include*
vigente	en vigor	*in force*
flaqueza (*f*)	debilidad (*f*)	*weakness*
sugerencia (*f*)	sugestión (*f*)	*suggestion*

¿A dónde va América Latina? ¿La democracia en crisis?
GERMÁN ARCINIEGAS

Muy distinguido amigo:[1] El tono general de la política en la América Latina presenta en los últimos tiempos alteraciones tan profundas como no se conocieron antes en nuestros países. ¿Qué hay en el fondo de estas inquietudes? ¿Están haciendo crisis nuestras tradiciones democráticas, nuestro destino histórico? Una agitación constante ligada a corrientes internacionales, provoca estados de inestabilidad y zozobra que todos los días registra la prensa mundial. Frente a estas circunstancias, hemos creído útil invitar a los dirigentes políticos más caracterizados de la América Latina para hacer un abierto y claro planteamiento de la situación, un balance general y examen de conciencia que indique hasta dónde podríamos afirmarnos en la tradición democrática, tal como ha venido elaborándose en un forcejeo contradictorio de siglo y medio.[2] ¿Es susceptible esta tradición de variaciones que den resultados más positivos y adapten nuestro estilo democrático a las nuevas condiciones del mundo? ¿O sería aconsejable una desviación radical de esa línea de conducta para ensayar un estilo importado y adoptar la rígida solución de una dictadura de partido, que imponga sin contradicción nuevas normas de vida económica, cultural y política como se ha hecho en Cuba?

La presión del momento exige que el problema se encare con la mayor franqueza. Nuestros países ya no pueden defender la

---

[1] *Muy ... amigo: This essay, written in the form of a circular letter, was addressed to a long list of prominent Latin American politicians and thinkers.*
[2] *que indique ... siglo y medio: which might indicate just to what point we could maintain the democratic tradition which has been developing through a contradictory struggle for a century and a half*

independencia conjunta en que se inspiraron los libertadores para separarse de España, si la parte del hemisferio en que vivimos sigue moviéndose en planos de dependencia, atraso y desunión que nos ponen a merced de los grandes bloques políticos. Una política vacilante, la ausencia de solidaridad (al menos de un mercado común de nuestras esperanzas), la carencia de ambiciones claramente definidas, sólo conduce a dar tiempo a los más fuertes para que contraríen en lo que debería ser[3] el destino libremente buscado por los doscientos millones de americanos que viven al sur del río Grande. La tentación para quienes ahora están descubriendo las posibilidades de nuestra América, y quisieran ponerlas a su servicio pasa a ser una amenaza, porque para ellos el objetivo es evidente, grandísima la importancia de nuestro bloque de países en el futuro, y simples y obvios los métodos de infiltración y colonización política. Pero sí, frente a este peligro, vamos a afirmar nuestra personalidad histórica en una segunda independencia digna y respetable, conviene revisar las ventajas y fallas de nuestra estructura democrática, y ver en dónde residen nuestras flaquezas y en qué tierra firme podemos plantar nuestras esperanzas.

Hay dos hechos que se imponen a nuestra inmediata consideración: la unificación continental de Europa en el Mercado Común, y la unificación de África con una política de producción de las mismas cosas que nosotros exportamos, ofreciéndolas a un precio más bajo. Esta tendencia a la continentalización[4] es universal. Europa como el África han comprendido que para su defensa interna ya no pueden desligarse en un anárquico desperdicio de esfuerzos y trabajos,[5] de pequeños nacionalismos. Se ha unido Europa, se coordina el África, los Estados Unidos están compuestos de cincuenta estados, unidos federalmente en el mercado común más antiguo de la historia contemporánea, y las viejas Rusias con sus satélites forman otros Estados unidos, férreamente centralizados. Cada uno de estos bloques se defiende, lucha por

---

[3] sólo conduce ... debería ser: *only gives more time to the stronger ones so that they can thwart what ought to be*
[4] continentalización: *continental unity*
[5] ya no pueden ... trabajos: *they can no longer give way to an anarchical waste of energy and work*

imponerse. Dentro de estas circunstancias, ¿qué hace la América Latina? ¿Hacia dónde va? ¿Qué la defiende y anima? ¿Qué la asegura y preserva? ¿Cómo retiene o cómo reconquista su independencia?

La América Latina ha experimentado antes que ningún otro conjunto de naciones en el mundo lo que es la falta de unidad regional teniendo la vecindad de una federación tan poderosa como los Estados Unidos. Por una causa o por otra hemos llegado a una diferencia de niveles que es la fuente mayor de nuestros malestares. Habitamos dos compartimentos de una casa en que los del ala del norte son los ricos y los del ala del sur los pobres. ¿Desaparecerá esta diferencia de niveles sustituyendo nuestras deficiencias con una retórica vociferante? ¿Vamos a defender a nuestros pueblos militarizándolos a costa de un mayor empobrecimiento? ¿Tenemos que movernos en busca de otros bloques para someternos a la dependencia de su ayuda? ¿O debemos volver sobre nuestra propia dignidad y nuestra fe perdida para reestructurar nuestra economía, consolidar nuestra posición internacional como un fuerte bloque de naciones y afirmar nuestra entidad histórica sobre las bases de nuestro propio concepto democrático? En el fondo la actitud de la América Latina frente a los Estados Unidos oscila entre el fatalismo de un sometimiento de hecho[6] y la posibilidad de llegar al equilibrio entre las dos partes del hemisferio. En esta última posición está la base de la dignidad en el trato con la otra América.

La revolución cubana y la voluntaria adhesión de su primer ministro[7] y de su destacado líder al sistema planetario marxleninista que tiene su centro en Moscú,[8] ha tenido resonancia muy grande en los países latinoamericanos. Agitadores políticos notables despliegan la bandera de Castro y con ella buscan la adhesión de las masas. Pero conviene precisar que bajo la atracción de esa bandera, que simplemente se ofrece como un violento rechazo a los Estados Unidos, hay una cuestión de fondo mucho más honda. Se trata de ofrecer como solución para cada una de nuestras

---

[6] el fatalismo ... de hecho: *the fatalism of a de facto submission*
[7] primer ministro: *a reference to Fidel Castro*
[8] Moscú: *Moscow*

repúblicas una rigurosa dictadura de partido con suspensión absoluta de todo sistema electoral que pueda servir de base a una democracia representativa; la reducción de la prensa, el teatro, la televisión, la cátedra, las asambleas públicas, los sindicatos obreros, a medios de expresión exclusivos del partido oficial; el traspaso a manos del Estado de la tierra campesina y de la propiedad urbana; la alternativa única, para quienes no están de acuerdo con el sistema, o de un sometimiento absoluto, o del abandono del país entregando al Estado la totalidad de haberes. ¿Está el resto de América por la introducción de un sistema semejante? ¿Y está por pasar a ser una dependencia de Rusia tan estrecha como la que ha escogido el líder cubano?

Al enfocar así *Cuadernos* el problema latinoamericano, y al someterlo a la consideración de usted y a la de un grupo selecto de líderes políticos de las tendencias más diversas, sólo trata de sondear opiniones, sin limitar el libre tono en que han de producirse las respuestas. Una abierta expresión de los diversos puntos de vista será útil a todos, y provechosa para esclarecer la política del continente. La respuesta a las tres preguntas siguientes, que con espíritu cordial sometemos a su consideración, nos parece que abarca el problema en su totalidad:

1. — ¿Cree usted que siguen vigentes para nosotros los principios básicos de la democracia representativa, y que es posible afirmar en ella un estilo político latinoamericano que permita respetar los derechos humanos y asegurar la justicia social dentro de las circunstancias económicas de nuestro tiempo?

2. — ¿Cree usted que los problemas de nuestra América sólo podrían resolverse por medio de una dictadura de partido que decline en el jefe de gobierno la totalidad de las determinaciones nacionales y el límite dentro de cual puedan ejercerse los derechos del hombre?

3. — Si usted está de acuerdo con que en nuestra América debe existir una democracia representativa, ¿qué sugerencias haría en el sentido de ampliar o modificar sus horizontes y métodos de trabajo, tanto para dar a las gentes del país medios más eficaces de producción, confianza mayor en las soluciones democráticas, menos inseguridad en su destino como para hacer frente a las

grandes concentraciones continentales, asegurar la supervivencia libre de la América Latina e ir acabando con la diferencia de niveles en que se mueven hoy los Estados Unidos y la América Latina?

La respuesta de usted, así como las de los otros líderes políticos de América a quienes nos dirigimos, se publicará en la revista *Cuadernos* y en un libro que servirá de fuente de información política en un campo universal.

Anticipándole nuestros cordiales agradecimientos por la atención que preste a estas líneas, rogamos a usted nos excuse la molestia que implique esta respuesta y que sólo nos atrevemos a ocasionarle movidos por una preocupación que estamos seguros de que nos es común.

Con la consideración más distinguida,

GERMÁN ARCINIEGAS
Director

(From: *Cuadernos*, No. 77, octubre de 1963, pp. 3–5)

PREGUNTAS

1. ¿Qué ha ocurrido recientemente en la política latinoamericana?

2. ¿Qué exige la presión del momento?

3. ¿A qué conduciría una política vacilante?

4. ¿Cuáles son los dos hechos que se imponen a nuestra inmediata consideración?

5. ¿Qué ha experimentado la América Latina antes que ningún otro conjunto de naciones?

6. ¿Cuál es la revolución que ha tenido resonancia muy grande en los países latinoamericanos?

7. ¿Cuál es la solución que ofrece los que despliegan la bandera de Castro?

8. ¿Qué pide *Cuadernos* a un grupo selecto de líderes políticos?

9. ¿Cuáles son las tres preguntas que el Sr. Arciniegas hace?

10. ¿Qué se hará con las respuestas?

TEMAS DE DISCUSIÓN

1. ¿Cree Ud. que, igual que Hispanoamérica, están haciendo crisis nuestras tradiciones democráticas, nuestro destino histórico?

2. Si Ud. fuera uno de los que recibieron la carta del Sr. Arciniegas, ¿cómo respondería Ud.?

3. ¿Cómo, cree Ud., pueden los gobiernos latinoamericanos acabar con la diferencia de niveles en que se mueven los Estados Unidos y la América Latina?

SELF-STUDY WORD TEST

I. SPANISH-ENGLISH. Select the best translation for the following:

1. **fondo**   *(a) fathom   (b) inn   (c) bottom   (d) favor*
2. **desviación**   *(a) deviation   (b) determination   (c) weakness   (d) hope*
3. **atraso**   *(a) backwardness   (b) force   (c) attraction   (d) attempt*
4. **férreamente**   *(a) strongly   (b) faithfully   (c) fierceness   (d) productively*
5. **bloque**   *(a) stone   (b) bloc   (c) barrage   (d) bargain*
6. **desplegar**   *(a) to defeat   (b) to close up   (c) to unfurl   (d) to attempt*
7. **haberes**   *(a) goods   (b) hopes   (c) habits   (d) images*
8. **sondear**   *(a) to make sounds   (b) to be quiet   (c) to probe   (d) to solve*
9. **esclarecer**   *(a) to confuse   (b) to darken   (c) to make clear   (d) to avoid*
10. **abarcar**   *(a) to exclude   (b) to limit   (c) to contain   (d) to abate*

II. SPANISH-SPANISH. Select the best Spanish synonym:

1. **zozobra**   (a) inquietud   (b) calma   (c) arreglar   (d) zanjar
2. **ensayar**   (a) hablar   (b) tratar   (c) desplegar   (d) controlar
3. **encarar**   (a) ensayar   (b) evitar   (c) enfrentar   (d) hallar
4. **satélite**   (a) cohete   (b) dependiente   (c) país   (d) planeta
5. **nivel**   (a) fondo   (b) cielo   (c) altura   (d) nada

6. **trato con** (a) esfuerzo (b) relaciones con (c) negociar (d) importancia de
7. **traspaso** (a) traición (b) nivel (c) rencor (d) transferencia
8. **vigente** (a) vil (b) en vigor (c) verídico (d) duramente
9. **flaqueza** (a) fragilidad (b) franqueza (c) debilidad (d) traspaso
10. **sugerencia** (a) sugestión (b) rechazo (c) promedio (d) amenaza

Orlando Albornoz *(Venezula, 1932–) is currently professor of Sociology at the Universidad Central de Venezuela. In addition to numerous articles, he has written several book-length studies dealing with the sociological aspect of contemporary politics, including* Estudiantes norteamericanos: perfiles políticos *(1967),* Estudiantes y desarrollo político *(1968), and* La sociología en Venezuela *(1970). His study* Estudiantes norteamericanos *was co-authored with the distinguished American sociologist David Riesman.*

It is no anomaly that a Spanish American should express such strong interest in racial problems since there are rather extensive black and mulatto populations in the Caribbean, coastal Venezuela, Colombia and Brazil as well as considerable groups of Indians in Mexico, Peru, Bolivia, Paraguay and Brazil. It might prove interesting to compare the general tone and scope of this article with the shorter selection, "Black Is Beautiful" written by the Spaniard, Carmen Alcalde.

VOCABULARIO

hallarse	encontrarse	*to be, to find oneself*
desplazar, desplazamiento (*m*)	trasladar	*to displace*
de pronto	de repente	*all of a sudden*
de hecho	de veras	*in fact*
señalar	indicar	*to point out*
convertirse en	transformar	*to change into*
llevar a cabo	ejecutar	*to carry out*
consistir en	estar compuesto de	*to consist of*
liderazgo (*m*)	líderes (*m*)	*leadership*
inscribirse en	unirse a	*to join, to enroll in*
a fin de	para	*so that*
promedio (*m*)	término medio (*m*)	*average*
alcanzar	llegar, lograr	*to reach*
en provecho de	en beneficio de	*for the benefit of*
decrecer	disminuir	*to decrease*
manejarse	moverse, comportarse	*to move about, get around*
detener	parar	*to stop*
por parte de	en nombre de	*on the behalf of*
barrio (*m*)	parte de una ciudad	*district*
impedir	imposibilitar	*to impede*
amenazar	aterrar	*to threaten*
encerrar	encarcelar	*to enclose, lock up*
esfuerzo (*m*)	empeño (*m*)	*effort*
plantear	presentar	*to state, present*
disponer de	valerse de	*to make use of*
dirigirse hacia	ir, encaminarse	*to go, make one's way toward*
derrotar	vencer	*to conquer*
trasladarse	mudarse	*to move*
despreciado	desdeñado	*despised*
viable	vivaz, sano	*viable*

El concepto del "poder negro" en los Estados Unidos

ORLANDO ALBORNOZ

En el presente artículo vamos a considerar la emergencia del "poder negro" en este país, como la consecuencia directa de un ejemplo de movimiento socio-político, interrelacionado como se halla con dos variables esenciales, la cuestión racial y el desplaza-
5 miento de población de zonas rurales a zonas urbanas.

En los meses de verano de 1967 se reprodujeron en ciudades como Newark y Detroit los incidentes que desde la "batalla de Watts"[1] se comienzan a repetir sistemáticamente, cada año, en los meses en los cuales ciertas razones ecológicas se combinan para
10 permitir la movilización masiva de los negros. La sensación de estupor ante la violencia y destrucción en Detroit han afectado profundamente a la nación norteamericana y a quienes consideran que ésta es una nación desarrollada, integrada, que no presenta ninguno de los problemas políticos típicos de naciones subdes-
15 arrolladas, como las del tercer mundo. Ocurre, sin embargo, que de pronto los Estados Unidos deben enfrentar problemas internos que reflejan profundas contradicciones y que determinan la existencia de una crisis que permite dudar de la existencia de una nación en donde existe un consenso político,[2] capaz de convertirse en líder

---

[1] "batalla de Watts": *reference to severe racial disturbances which occurred in the predominately black Watts area in Los Angeles during the summer months of 1965, 1966, 1967*

[2] consenso político: *political consensus*

mundial, no sólo por razón de las armas, económicas y militares, sino por razón moral.

La tensión racial y política que señala la existencia del "problema negro", o del "problema blanco", como irónicamente lo definen algunos norteamericanos, descalifica éticamente a la colectividad norteamericana para convertirse en conciencia mundial,[3] juez de la planificación del desarrollo. Si a la crisis interna ocasionada por la cuestión negra se une la creada por[4] la situación de la guerra en Viet-Nam, los observadores políticos se hallan en presencia de una situación confusa e inexplicable, cuyas consecuencias, por verse en los próximos años, pueden y de hecho afectarán al resto del mundo, o por lo menos a la zona de influencia norteamericana.

El concepto del "poder negro" no explica por sí solo los hechos violentos y las acciones de los negros durante el verano de 1967. El "poder negro" es una forma de ideología que ha evolucionado como consecuencia de situaciones reales dadas, de ninguna manera una "idea" abstracta que de manera trascendental ha venido a cambiar o incidir sobre la realidad social norteamericana.

Describir la emergencia del "poder negro" es describir el desarrollo de la organización SNCC, o "Snick", como es conocido popularmente esta organización. La misma fue creada en 1960 y sus iniciales corresponden al título *Student Non-Violent Coordinating Committee*; durante los primeros años de la vida de la organización, ésta, formada en su mayor parte por estudiantes universitarios, blancos y negros, se dirigió a la lucha[5] por los derechos civiles, fundamentalmente en el Sur del país. Desde el principio de la actividad del SNCC, los críticos de la organización han señalado el hecho de que desde 1960 hasta el presente la misma se ha convertido cada vez más en una organización violenta. El SNCC es "no violento" sencillamente de una manera táctica, no como estrategia; es decir, al carácter de armas y otros implementos para la lucha han decidido oponerse a los blancos de una manera no violenta. Esto consiste en negar al enemigo, mediante la

---

[3] descalifica ... mundial: *ethically disqualifies the collective body of Americans and becomes a problem of world conscience*
[4] se une la creada por: *is joined to the one created by*
[5] se dirigió a la lucha: *was directed toward the fight*

inacción o resistencia pasiva, la asistencia humana y la cooperación necesaria como para que éste pueda llevar a cabo su control. O sea, no violento, no quiere decir pasivo; quiere decir actuar sin confrontarse directamente con el enemigo, sino a través de una acción mental, más que militar.

Durante los primeros años, digamos hasta mediados de 1966, SNCC logró mantener su actividad dentro de un contexto en el cual obtenían el apoyo de sectores relativamente grandes de la opinión pública norteamericana. La filosofía de la organización consistió durante estos años en utilizar la no violencia como un camino para forzar concesiones de la estructura del "poder blanco", particularmente en el Sur. El último líder de esta "línea blanda" lo fue John Lewis; correspondió a Stokely Carmichael reorientar el concepto de lucha política. Éste arribo al liderazgo[6] de la organización en mayo de 1966 y desde entonces se propuso crear partidos políticos negros independientes de los partidos de la estructura del "poder negro", es decir, de los partidos republicano y demócrata. El primero de estos partidos fue el llamado significativamente Pantera Negra.[7] En aquella ocasión Carmichael declaró que los negros debían de mantenerse alejados de los partidos tradicionales; "Pedirle a un negro que se inscriba en el Partido Demócrata es como pedirle a un Judío que se inscriba en el Partido Nazi".

En la misma oportunidad Carmichael tomó pasos radicales a fin de excluir a los blancos de participar en el SNCC, bajo la creencia de que "si los blancos desean organizar algo, que se organicen ellos mismos; los negros organizaremos a los negros". En el mismo año, en agosto, el SNCC hizo público lo que se puede considerar el Manifiesto del Poder Negro.

El Manifiesto del Poder Negro contiene una serie de elementos que permiten sistematizar lo que puede llamarse la ideología del poder negro. Fue en este documento en donde visiblemente se observó por primera vez el cambio radical de posición del SNCC y la influencia personal de Carmichael. [...]

---

[6] correspondió a Stokeley Carmichael... liderazgo: *It was up to Stokeley Carmichael to reorient the concept of the political fight. He took over the leadership...*
[7] Pantera Negra: *Black Panthers*

Naturalmente que el concepto del "poder negro" se apoya en una realidad social específica, en donde la ideología encuentra asidero efectivo.[8] Las condiciones de vida del negro norteamericano son ostensiblemente menos favorecidas, en promedio, que la población blanca. Por ello se dijo anteriormente que el concepto del "poder negro" no podía explicar, por sí solo, la violencia racial norteamericana de los veranos de 1965, 1966 y 1967. Las causas de las explosiones de esta tensión racial entre blancos y negros deben buscarse en la situación histórica norteamericana. Entre 1900 y 1960 ha habido un desplazamiento continuo de población negra desde el Sur, hacia las ciudades del Norte; en éstas, los negros han terminado por[9] vivir en ghettos, los cuales existen prácticamente en cada una de las ciudades del norte. Esta población negra norteña exhibe altos índices de desempleo y de inestabilidad organizacional, especialmente al nivel familiar, bajos ingresos[10] y bajo nivel educacional, además de la enorme tensión psicológica que significa la discriminación en una sociedad que, a pesar de los innegables avances de los negros, exhibe una imagen "blanca"; es decir, el norteamericano es esencialmente el hombre blanco. A esto se agrega la situación del negro del Sur, en donde la segregación racial ha sufrido cambios que parecen ser sumamente lentos, como para indicar un patrón optimista[11] para el futuro. Inclusive, en los últimos años, la situación política comienza a responder a lo que en los Estados Unidos se conoce con el nombre de "White-black-lash", para indicar la reacción blanca a las demandas de los negros.

La posición ideológica del SNCC y su concepto del "poder negro" no constituyen, es la ocasión de decirlo, una posición general, de las organizaciones negras militantes. Por el contrario, si bien se observa una radicalización colectiva de casi todas las organizaciones de la lucha por los derechos civiles, hay una serie de éstas que se mantienen dentro de los límites de la democracia formal norteamericana. Durante el presente siglo se han creado

---

[8] se apoya ... asidero efectivo: *rests on a specific social reality where its ideology finds an effective grip*
[9] han terminado por: *have ended up by*
[10] bajos ingresos: *low earnings*
[11] patrón optimista: *an optimistic model*

estas organizaciones, la mayoría con sede en el Norte del País. En 1908 fue creada la *Asociación Nacional para el Avance de la Gente de Color*,[12] hecho en el cual tuvo participación el patriarca de la lucha por los derechos civiles, el sociólogo negro W.E.B. du Bois;
5 en 1910 fue fundada la *Liga Nacional Urbana*,[13] con el propósito de facilitar al negro del Sur su incorporación a la vida urbana del Norte. Estas dos organizaciones eran fundamentalmente interraciales en su dirección, con base en el Norte y mantenedoras de la idea de que el negro podía alcanzar sus aspiraciones de Libertad e
10 Igualdad dentro del contexto del sistema democrático norteamericano. Más que eso eran esencialmente organizaciones no políticas.

Una forma más moderna y agresiva de organización de este tipo fue el *Congreso por la Igualdad Racial*,[14] conocida por las iniciales
15 CORE. Esta organización, creada en 1942, fue la primera en asociarse con tácticas pacifistas, en la creencia de que el negro no iba a alcanzar su papel en la sociedad sólo a través de batallas jurídicas. Por ello el pacifismo fue el instrumento para iniciar una nueva estrategia del movimiento negro. CORE iba a posibilitar la
20 creación de la primera organización con base en el propio Sur, la *Conferencia para el Liderazgo Cristiano en el Sur*,[15] fundada por Martin Luther King, Jr., quien lo hizo en Atlanta, en 1957.

King se convirtió rápidamente en un líder nacional y posteriormente, gracias al Premio Nobel,[16] en un hombre de dimensión
25 internacional. King es un individuo de extraordinario coraje personal, que ha proyectado una imagen de profunda dignidad, en la lucha por los derechos civiles de los negros; ha manipulado admirablemente a los medios de comunicación de masas, en provecho de la causa negra. Con todo, sin embargo, la influencia
30 de King, por considerable que haya sido, como héroe y hombre independiente de criterio, capaz de opinar sobre tópicos tan controversiales como la guerra en Viet-Nam o la situación en

---

[12] Asociación ... Color: *National Association for the Advancement of Colored People*
[13] La Liga ... Urbana: *National Urban League*
[14] Congreso ... Racial: *Congress for Racial Equality*
[15] La Conferencia ... Cristiano en el Sur: *Southern Christian Leadership Conference*
[16] Premio Nobel : *Martin Luther King (1929–68) was awarded the Nobel Prize for Peace in 1964.*

África —utilizando ideas contrarias a lo común— parece decrecer, cuando se trata de implementar cambios efectivos en las condiciones de vida de los negros. El hecho de que él haya recibido el Premio Nobel lo eleva a una consideración especial y le permite manejarse con una estrategia diferente, pero por sí, este hecho no va a cambiar en nada las condiciones de un ghetto.

En esta situación surge el concepto del "poder negro". Es, sin duda alguna, la posición ideológica más extrema que alguna vez haya asumido el liderazago negro norteamericano. En los actuales momentos da la impresión de que es completamente inefectivo, en cuanto a la posibilidad de implementar sus tácticas políticas, por carecer de los elementos mínimos que pudieran servir de base real para una transformación de la relación actual de poder. Por otra parte es innegable que la opinión pública norteamericana se halla bajo estado de "shock", en relación con este movimiento militante, a quien en la práctica se quiere utilizar como justificación de la violencia del Verano de 1967. Finalmente, es de considerar la situación política actual de los Estados Unidos, con una guerra internacional que comienza a minar[17] la moral de la nación y a un año electoral próximo —1968. Todas las estimaciones parecen señalar que en las elecciones de 1968 habrá una reacción anti-negra considerable y que esto llevará al poder blanco a tratar de detener el avance de la gente de color. Esto pudiera traducirse no sólo en formas abiertas de un control más "efectivo" de la cuestión negra, sino de una posible ola de represión ideológica, que alcanzaría no sólo a los negros y sus organizaciones políticas, sino también a las de otras minorías norteamericanas, humanas e ideológicas.

Una de las derivaciones más interesantes que puden observarse en la cuestión del "poder negro" es el intento por parte de los ideólogos de esta tendencia política por identificarse, en un sentido universal, con otros sectores subdesarrollados, políticamente. La reciente visita de Stokely Carmichael a La Habana y el caluroso recibimiento que Fidel Castro le tributó así parecen indicarlo —señalando de paso que Carmichael prosiguió viaje a Hanoi,[18] desde La Habana. Cabe decir que si bien se ha

---
[17] minar: *to mine, i.e., to weaken*
[18] Hanoi: *the capital of the Republic of North Vietnam*

mencionado como importante la influencia del líder cubano en las acciones de los líderes del "poder negro", los hechos indican que esta sería una asociación circunstancial, solamente. Sería el propio Guevara[19] el líder cubano de mayor influencia entre los estudiantes norteamericanos, de tendencias troskistas.[20] En general Cuba vendría a ser, para los que hablan en los Estados Unidos de "liberación", algo así como "la conciencia lírica de la izquierda", pero nada más que eso.

Si bien los individuos en sí no permiten explicar la naturaleza de los movimientos sociales, no cabe duda de que interesa concocer la evolución individual de los líderes de un movimiento determinado. En el caso de Carmichael sorprende, en primer lugar, el que no sea, propiamente, un norteamericano. Carmichael nació en Trinidad, en 1941, y vivió en la Isla hasta que tenía unos doce años, cuando sus padres se trasladaron a los Estados Unidos; se convirtió en ciudadano norteamericano por derivación, una vez que los padres se naturalizaron. En los Estados Unidos vivió en Harlem y en barrios "clasemedia", de judíos e italianos. Posteriormente obtuvo grado en Filosofía, en la Universidad de Howard, la más prestigiosa universidad negra del país. Como estudiante comenzó a participar en el SNCC y desde entonces es un activista político.

Lo interesante de la vida de Carmichael es que, al parecer, sus años en Trinidad, en donde los negros son la población mayoritaria, le impidieron conocer en toda su extensión lo que era el racismo; el contacto con la discriminación racial en los Estados Unidos parece haber sido decisiva, ya en una edad en la cual esto podía ser confrontado con experiencias anteriores. Sobre este punto desearía mencionar lo que me fue dicho por un colega profesor, precisamente, de la Universidad de Howard, el cual mencionaba como importante en el activismo político negro a una cantidad de negros venidos a los Estados Unidos desde el Caribe, quienes habían sido socializados bajo una concepción diferente de lo que significa ser negro y que reaccionaban de manera más independiente, en relación con los negros propiamente norteamericanos, una vez en los Estados Unidos.

[19] Guevara: *Ernesto "Che" Guevara, Cuban revolutionary leader who was captured and shot to death in Bolivia in 1968 while on a revolutionary mission.*
[20] troskistas: *leftist, followers of the communist ideologist Leon Trotsky*

Carmichael representa una radicalización comparable, desde los puntos de vista sostenidos por otro de los individuos que contribuyó a crear la imagen del negro militante, Malcom X. Éste fue el líder nacionalista musulmán negro que fue asesinado en New York a principios de 1965. Malcom X, o El-Hajj Malik El-Shabazz, su nombre árabe, ha sido uno de los líderes negros más importantes en los últimos años. Bien conocido mundialmente no lo es tanto en América Latina.

Malcom X explica ex-post facto la actual violencia racial norteamericana, en significativas palabras, escritas en 1964: "En verdad, el negro norteamericano más peligroso y amenazante es aquel que ha sido encerrado por los blancos del Norte en los ghettos negros —el sistema usado por el poder blanco del Norte para mantenerse hablando de los principios de la democracia, mientras se margina al negro,[21] a la calle de atrás". Fundamentalmente Malcom X y su movimiento político no afirman creencia alguna en la posibilidad de la integración racial; según él la palabra integración había sido inventada por un "liberal del Norte". Malcom X preconizaba[22] una filosofía de los derechos humanos: "¡Derechos Humanos! ¡Respeto como seres humanos! Eso es lo que las masas de negros norteamericanos quieren. Ese es el verdadero problema. Las masas negras no quieren ser despreciadas como si tuviesen la plaga. No quieren ser encerradas en ghettos, como animales. Ellos quieren vivir en una sociedad abierta, libre, en donde puedan andar con sus cabezas altas, como hombres, como mujeres."

Desde el punto de vista técnico de procedimiento político el concepto de "poder negro" es posible definirlo de la siguiente manera: a) representa un esfuerzo por parte de un sector militante de la población negra norteamericana por adquirir una suma de poder político representativa en relación a la cantidad de personas que integran la población negra y que hasta ahora ha estado, sin duda alguna, fuera de la estructura de poder de la sociedad norteamericana; b) es un esfuerzo violento y militante. Desde el punto de vista histórico esto no puede ser de otra manera. Ninguna

---

[21] mientras se margina al negro: *while the black man is kept on the outside*
[22] preconizaba: *proclaimed*

minoría ha alcanzado poder por medios pacíficos —el movimiento pacifista, recuérdese, es por naturaleza violento; c) expresa una nueva situación del negro en el espacio social de la sociedad norteamericana, urbano.

Desde el punto de vista teórico el movimiento del "poder negro" puede definirse como un ejemplo de desarrollo político, comparable al que viven las nuevas naciones. La "nación negra" es subdesarrollada, dentro del contexto norteamericano, y la lucha por los derechos civiles y por poder político no es sino la culminación de un proceso de desarrollo comparable al que diversos grupos sostienen en naciones nuevas. Es interesante observar que los mismos conceptos de teoría política que suelen usarse en relación con las naciones que comienzan a desarrollarse políticamente pueden usarse al hablar del desarrollo político de los negros norteamericanos, como grupo marginado que por evolución natural alcanza las posibilidades de enfrentarse en contra del proceso de aislamiento.

Es clave entender que estas causas que posibilitaron el enfrentamiento actual entre negros y blancos tienen su origen en factores críticos tales como la integración del negro en las Fuerzas Armadas, que sirvió de elemento modernizador y que liberó al final de la 2ª Guerra Mundial, un inmenso número de individuos que creían que si habían sido capaces de morir por el país, bien podían aspirar a vivir en el mismo. Se unen cuestiones como la legislación en contra de la discriminación y la rápida penetración de algunos negros en el mundo de los deportes y de la vida artística.

Uno de los más influyentes estudiosos norteamericanos de la cuestión negra, Moynihan[23] ha planteado el cambio en la actitud de los blancos hacia la lucha de los derechos civiles de los negros, como una consecuencia de una nueva etapa en el propio desarrollo de este movimiento social. En la primera etapa las demandas del negro norteamericano eran aquellas directamente relacionadas con la idea de Libertad: el derecho a votar, el derecho de libre expresión y el derecho a la libre reunión. En la segunda etapa, el

---

[23] Moynihan: The Negro Family *(U.S. Dept. of Labor, 1965), also known as the "Moynihan Report."*

movimiento se dirige hacia los problemas de Igualdad. Esto último significa que los negros aspiran no sólo a vivir con los blancos sino a disponer de una parte específica del poder que controla a la sociedad norteamericana. En la primera etapa los negros hallaron apoyo en amplios sectores de la sociedad norteamericana, en la segunda los negros encuentran miedo e incompresión. El futuro del problema debe verse en este contexto, en el sentido de que los negros se aproximan a cuestiones esenciales, no el adquirir un derecho ya establecido, sino a formar parte de los procesos de toma de decisiones que definen cuales son los derechos.

Estimar el posible desarrollo de la cuestión negra es poco menos que imposible. No es difícil suponer, sin embargo, una pronta radicalización hacia la derecha, de la política norteamericana. La posibilidad de que el Gobernador Reagan pueda obtener la nominación republicana y aún que derrote al Presidente Johnson no es ya un simple desvarío.[24] Cualesquiera que sea lo que el futuro depare hay una verdad incontrovertible: el negro norteamericano forma parte de los Estados Unidos y en su lucha por alcanzar poder político lo va a hacer dentro del contexto norteamericano. Los extremistas de derecha hablan de enviar a los negros al Africa, o asesinarlos sistemáticamente. Ninguna de estas dos soluciones es posible. La única viable es la integración, en todos los niveles de la vida social. Mientras esto no ocurra las tensiones raciales persistirán. La "tragedia norteamericana" consiste en que el famoso "melting-pot" recibe nuevos elementos cada vez. Los negros, los puertorriqueños de New York, los mexicanos de California, ejercen hoy en día una presión política que se traduce en un agónico dilema: integración o caos.

(Edited from *Política* No. 63, Vol VI, julio de 1967, pp. 15-28)

---

[24] no es ya ... desvarío: *it isn't just a mere accident*

PREGUNTAS

1. ¿Con qué está interrelacionada la emergencia del poder negro en los EE. UU.?

2. ¿Qué ocurrió en los meses de 1967 en las ciudades de Newark y Detroit?

3. Según Albornoz, ¿describir la emergencia del poder negro es describir qué otra cosa?

4. ¿Qué era la filosofía de SNCC durante los primeros años de la organización?

5. ¿Quién fue el último líder de esta "línea blanda"?

6. ¿Cuáles son los cambios que Stokely Carmichael llevó a cabo?

7. ¿Cómo son las condiciones de vida del negro norteamericano?

8. ¿En dónde deben buscarse las causas de las explosiones de esta tensión racial?

9. ¿Constituye una posición general de las organizaciones negras la posición ideológica del SNCC?

10. ¿Cuáles y cómo son las otras organizaciones negras?

11. ¿Qué es la importancia de Martin Luther King? ¿Ha ayudado a cambiar las condiciones del negro?

12. ¿Es efectivo el movimiento llamado "poder negro"?

13. ¿Cuál es una de las derivaciones más interesantes que pueden observarse en la cuestión del poder negro?

14. ¿Cómo era la evolución natural del Sr. Carmichael?

15. Desde el punto de vista técnico de procedimiento político, ¿cómo es posible definir el concepto del poder negro?

16. Desde el punto de vista teórico, ¿cómo puede definirse el movimiento del "poder negro"?

17. ¿Cuáles son otras causas que posibilitaron el enfrentamiento actual entre negros y blancos?

18. Según Albornoz, ¿mientras qué cosa no occurra, las tensiones raciales persitirán?

TEMAS DE DISCUSIÓN

1. ¿Cree Ud. que el Sr. Albornoz tiene razón cuando escribe: "Ninguna minoría ha alcanzado poder por medios pacíficos"?

2. ¿Es importante hoy el movimiento llamado "poder negro"?

3. ¿Cuáles son las semejanzas entre el movimiento *Women's Lib* y el movimiento "Poder negro"?

4. ¿Cómo, cree Ud., va a efectuarse "la integración de todas las minorías en todos los niveles de la vida social"?

SELF-STUDY WORD TEST

I. SPANISH-ENGLISH. Select the best translation for the following:

1. **desplazamiento** *(a) displeasure (b) displacement (c) disagreement (d) jolt*
2. **liderazgo** *(a) light (b) bully (c) leadership (d) lighthouse*
3. **promedio** *(a) promise (b) census (c) average (d) total*
4. **decrecer** *(a) to decree (b) to decrease (c) to reverse (d) to dictate*
5. **detener** *(a) to stop (b) to add (c) to subtract (d) to reverse*
6. **encerrar** *(a) to open (b) to enclose (c) to encircle (d) to arrange*
7. **derrotar** *(a) to display (b) to defeat (c) to break (d) to disregard*
8. **barrio** *(a) barrier (b) district (c) town (d) belonging*
9. **hallarse** *(a) to hallow (b) to make sacred (c) to be (d) to locate*
10. **trasladerse** *(a) to translate (b) to move (c) to go (d) to reach*

II. SPANISH-SPANISH. Select the best Spanish synonym:

1. **de pronto** (a) de repente (b) pronto (c) provisionalmente (d) después de

2. **de hecho**   (a) terminado   (b) cumplido   (c) suceso   (d) de veras
3. **a fin de**   (a) para   (b) sin que   (c) por último   (d) después
4. **alcanzar**   (a) quitar   (b) manejarse   (c) retroceder   (d) lograr
5. **manejarse**   (a) crear   (b) creer   (c) moverse   (d) rehuir
6. **plantear**   (a) planchar   (b) rendirse   (c) presentar   (d) pelear
7. **amenazar**   (a) pregonar   (b) aterrar   (c) disminuir   (d) hacer
8. **disponer de**   (a) valerse de   (b) destruir   (c) quitar de   (d) olvidarse de
9. **esfuerzo**   (a) empeño   (b) fuente   (c) repulsa   (d) escándalo
10. **dirigirse hacia**   (a) encaminarse   (b) salir de   (c) huir de   (d) rogar

7

Ramón Parres *(Mexico, 1920–) is a practicing psychiatrist in Mexico City and a member of the Sociedad Mexicana de Neurología y Psiquiatría, La Asociación Psicoanalítica Mexicana and a fellow of the American Psychiatric Association. He has studied both in Mexico (National University) and the United States (Columbia University). Social psychiatry in general and the family unit in particular are topics which Sr. Parres has studied and written about.*

The following selection, originally read at a meeting of the American Psychiatric Association in Miami, Florida, in May 1969, focuses on a recurrent problem or theme among the essays in the book: Youthful unrest and dissent. As you read this essay try to recall the observations of Mildred Adams concerning the "generation gap" within the "Women's Lib" movement in the United States.

VOCABULARIO

estar de acuerdo	estar de conformidad con	*to agree with*
trazar	delinear	*to outline*
tener en cuenta	considerar	*to bear in mind*
aumentar, aumento (*m*)	crecer	*to increase*
hogar (*m*)	casa (*f*)	*hearth and home*
inscribir, inscripción (*f*)	matricular	*to enroll in, join*
a partir de hoy	desde hoy	*starting today*
enterar	informar	*to inform*
aislamiento (*m*)	incomunicación (*f*)	*isolation*
enfoque (*m*)	actitud hacia	*point of view*
desafiar	provocar	*to challenge*
trastorno (*m*)	inquietud (*f*)	*emotional upset*
punto de vista (*m*)	actitud (*f*)	*point of view*
requisito (*m*)	condición necesaria para una cosa	*requirement*
fallar, fallado	frustrarse	*to fail*
certeza (*f*)	conocimiento seguro	*certainty*
desarrollar	desenvolver	*to develop*
pactar	convenir en	*to agree*
galardón	premio (*m*)	*reward*
lastimar	causar daño a	*to hurt*
búsqueda (*f*)	busca (*f*)	*search*
manejar	manipular	*to manage,* handle
cicatrizar	curar completamente	*to heal*
entregarse a	someterse	*to give in, yield*

Visión dinámica del disentir de la juventud

RAMÓN PARRES

Disentir es un privilegio humano, significa sentir diferente, no estar de acuerdo, por lo tanto connota[1] cualquier proceso contrario a las costumbres existentes, a los conceptos o a las metas. En la expresión del disentir nos encontramos con una continuidad en la conducta, primero es una protesta, que es una prueba preliminar de la acción, y posteriormente para implementar esta acción, la agresión es el instrumento; una especie de conducta dirigida, la acción hacia un objetivo.

La primera pregunta que debemos hacernos sobre el disentir de la juventud es: ¿Cuáles son las causas de este disentir en la juventud de nuestros días? Todos los estudiosos de la conducta humana están de acuerdo de que éste no es un fenómeno nuevo en el ámbito de nuestra existencia en la tierra. El acto de disentir ha sido desde hace tiempo sancionado por la cultura y también ha sido institucionalizado en el proceso de la ley. De ahí pues que por estas mismas razones debemos dedicar nuestra atención a la expresión del disentir de la juventud, porque tiene un mensaje importante. ¿Por qué disienten los jóvenes, por qué sienten diferente? Al tratar de circunscribir[2] los hechos sociales con el propósito de obtener cierta comprensión, debo ir más allá[3] de la pequeña provincia de mi competencia, y hacer un resumen, una especie de corte psicodinámico[4] de la situación social en la

---

[1] connota: *connotes, implies*
[2] circunscribir: *to circumscribe, go around*
[3] ir más allá: *to go further beyond*
[4] especie ... psicodinámico: *a kind of psychodynamic excision (cut)*

juventud de nuestros días, y después proceder a encontrar las raíces, o trazar su desarrollo hacia atrás al origen de este fenómeno en sus fuerzas formativas.

El disentir de la juventud es un proceso universal, pues la sociedad en todo el mundo ha sido sacudida[5] en las mismas fundaciones de su estructura por su propia juventud, la juventud que ha sido preparada y educada para ocupar lugares importantes en la sociedad en un futuro muy próximo, a unos cuantos años a partir de hoy.

¿Pero por qué, si nosotros estamos arando el campo de la vida[6] para que los jóvenes produzcan y crean mejores condiciones para la existencia humana, aparece en primer término este gran disentimiento, que en la actualidad alcanza casi y toca los límites de la patología social? Examinemos algunos de los hechos del mundo de nuestros días.

El número de jóvenes ha aumentado a tal grado que es indispensable tener en cuenta su presencia en todos los asuntos de la sociedad, aunque posteriormente definiré la clase de interacción que los jóvenes tienen en la sociedad. En los Estados Unidos de Norteamérica la población entre los 18 y los 24 años alcanza la imponente cifra[7] de 23 millones, lo que significa el doble de la inscripción en las universidades, un 50% de aumento de jóvenes entre los 18 y los 24 años en la fuerza laboral y en la formación de hogares. Pero de estos 23 millones, 8 millones están o han ido a la universidad, en comparación con un grupo semejante de jóvenes en 1938 que fue solamente de 2 millones. En México, el 56% de la población tiene menos de 20 años, ésta es quizá la proporción más alta en el mundo; la inscripción en la Universidad Nacional Autónoma de México el año pasado fue casi de 100 mil estudiantes. En verdad ninguna otra sociedad en la historia ha tenido que enfrentarse a esta gran masa de juventud educada.

Los problemas a los que la sociedad tiene que enfrentarse en la actualidad son de una gran complejidad en todas las áreas de la vida. El dominio y el control sobre el mundo externo es algo que

---

[5] sacudida: *shaken*
[6] arando ... vida: *literally, ploughing the field of life, i.e., preparing optimal conditions for the young*
[7] alcanza ... cifra: *reaches the imposing number*

nadie puede ignorar aunque así lo quisiera, porque la realidad está siempre presente. La información invade la vida de cada uno de nosotros en cualquier lugar de la tierra en una forma casi inmediata. Por ejemplo, estamos enterados de un descubrimiento científico en el momento que éste se hace público[8] al igual que cualquier acto de terror, por la radio, la televisión o por cualquier otro medio de información masiva. De ahí pues que el fenómeno de aislamiento social casi no exista. La información tiene la influencia para igualar a la gente, de disminuir sus diferencias, por que cuando la gente confronta sus acciones con las acciones de otros, se da cuenta de la gran semejanza que existe en la forma en que se piensa y en lo que se quiere. Las rebeliones estudiantiles que han surgido en todo el mundo casi tienen el mismo tipo de demandas a la "sociedad adulta", a los que están en el poder, o a los que regulan la sociedad.

La juventud de nuestros días está bien informada de lo que ocurre en todo el mundo, pero más que esto, tiene un enfoque diferente, una forma de enfrentarse a la vida con menos hipocresía. Tal actitud es producto de la clase de educación que ha recibido y al enfrentarse a los problemas de la vida en una forma más directa es muy posible que surjan dificultades. La llamada diferencia entre generaciones comprende además de la diferencia de edad, una actitud distinta, un enfoque único. Por ejemplo, un joven que ha sido educado y ha crecido dentro de una educación liberal donde no hay distinción de raza o color, religión o nacionalidad, es posible que se meta en dificultades[9] cuando tiene relaciones con una persona fuera de su religión, color o nacionalidad ante los ojos de la familia y de la sociedad adulta. De ahí que el dicho que con frecuencia decimos a nuestros hijos puntualice muy bien este problema: "Haz lo que te digo, no lo que yo hago", lo que en verdad significa: "Haz lo que yo hago".

Esta juventud que está disintiendo, es la juventud que hemos creado, educado y a la que le hemos dado los medios para continuar nuestra vida. Nuestra tarea ahora es entenderla; pero ya que esta comprensión o entendimiento no es muy frecuente entre

---

[8] éste... público: *this becomes public*
[9] se... dificultades: *he might get into trouble*

las generaciones, se ha generado un problema voluminoso. Como resultado de esta diferencia, los jóvenes se han unido entre sí y se han afiliado a un "movimiento", que puede ser cualquier cosa, como la nueva izquierda, o como se quiera llamarle, para poner en
5 práctica lo que han aprendido de los adultos —englobemos aquí[10] a la escuela, la familia, la universidad, la iglesia y a la sociedad en general—, aquí encuentran una barrera para entrar a una vida muy diferente de la que han creado como una imagen ideal en su mente. Es en verdad una tarea muy difícil para cualquier joven
10 educado y preparado en estudios sociales, valorizar la paz y los sentimientos fraternales e ir a la guerra y matar a gentes iguales a él; para él, esto no tiene significado. Podemos escoger cualquier área de la vida y nos encontraremos con la misma situación. Por lo tanto esta doble situación, o estas dos caras de la vida, ha ayudado
15 y empujado a la juventud a formar una subcultura, una especie de "isla cultural" que está en conflicto con la sociedad en todo el mundo.

Esta masa educada de juventud, esta "isla cultural" de jóvenes, está condenando y criticando a la sociedad en los términos más
20 extravagantes y arrasadores.[11] En un estudio reciente hecho por *Fortune* (Seligman, D., *Fortune*, enero 1969), sobre la población universitaria en los Estados Unidos de Norteamérica, se encontró que[12] los jóvenes se pueden dividir en dos grandes grupos: aquellos llamados de mente práctica, que representan a la mayoría,
25 y los de avanzada. En el primer grupo, las ideas, las aspiraciones en la vida, etc., son extraordinariamente semejantes a las de las personas que nunca han ido a la universidad; los valores sociales básicos no han sido cambiados con la educación. En general estos estudiantes vienen de familias de clase media o baja. Su preocupa-
30 ción inmediata es ocupar un lugar en la organización social existente. El otro grupo, los de avanzada, representan las dos quintas partes de la población estudiantil. Aquí nos encontramos con jóvenes que vienen de clase media o alta, de hogares más privilegiados tanto económica como educacionalmente. Los hijos

---

[10] englobemos aquí: *let's include here*
[11] arrasadores: *destructive*
[12] se encontró que: *it was found that*

de estas familias son los que más desafían a la sociedad. Algunos de sus puntos de vista tienen un potencial revolucionario, desafían la autoridad moral del sistema social. Están preocupados con las ideas establecidas sobre la conducta personal y con otras actitudes burguesas sobre el estilo y el gusto de la vida, el trabajo y el juego en general, "que es lo que la gente debe hacer con su vida". En este grupo hay algunos activistas, que son, o en forma más precisa, que juegan a ser[13] revolucionarios en el sentido tradicional de la palabra. Han aceptado nuevas formulaciones sobre el aspecto depravado[14] de la sociedad norteamericana; estos jóvenes de avanzada están muy cerca de lo que Keniston llama la juventud postmoderna.

Las dificultades y los trastornos sociales de los que hemos sido testigos en los últimos meses, que han ocurrido principalmente en los centros de educación superior de Europa y del Continente Americano, a mi manera de ver tienen su origen en esta división entre esta "isla cultural" de la juventud y la organización social en general, de la cual las universidades son una parte integral. A medida que la vida se complica, las exigencias para una buena adaptación social también aumentan. La juventud postmoderna está preparada en forma más adecuada para enfrentarse a los requisitos que la sociedad le pide en el nivel de las demandas de competencia y preparación. La vieja idea de tener que empezar desde abajo para una persona educada y preparada parece estar fuera de lugar en la actualidad.

Esta juventud también ha desafiado los mismos centros de cultura en donde ha obtenido sus conocimientos porque pertenece a esa otra parte de la sociedad. Las enseñanzas, buenas como son, han fallado en alguna forma para proporcionar a los jóvenes los instrumentos adecuados para enfrentarse a una sociedad que en alguna forma ha perdido su flexibilidad y quiere estar y permanecer en el poder. Esto se debe solamente al miedo que la gente tiene de que aquellos que han sido educados y preparados no sean aún capaces de enfrentarse a la vida, y en esta forma retardan su integración en el ámbito más amplio de la existencia humana.

[13] juegan a ser: *play at being*
[14] depravado: *corrupt*

La generación de jóvenes que está disintiendo en la forma que todos sabemos y sentimos, nació más o menos en la mitad de este siglo XX. Este momento en la historia está lleno de gran turbulencia en todas las actividades, en las artes, en la ciencia, en la
5 política, en la familia, en el individuo, en la vida de cada uno de nosotros.

Con cierta certeza podemos decir que nunca estuvo el mundo tan preparado, tan listo para tomar otro camino en la evolución histórica de su propio destino. En ese momento las Naciones
10 Unidas hacen la declaración de los Derechos Humanos, poco tiempo después la declaración de los Derechos de los Niños. Como si esto no fuera suficiente, en Washington se celebra la Conferencia del Medio Siglo sobre la Niñez y la Juventud que reúne a más de cinco mil profesionistas, estudiosos y pensadores de casi todos los
15 campos de la actividad humana, para considerar, para planear y al mismo tiempo se hacen la siguiente pregunta: ¿Cómo podemos desarrollar en los niños las cualidades mentales, espirituales y emocionales para la felicidad individual? ¿Cuáles son las condiciones físicas, económicas y sociales para poder promover tal
20 desarrollo?

En este clima de paz, de pensamiento y tranquilidad el horizonte de la vida empieza a oscurecerse con la sombra de la gran tragedia de la guerra pasada[15] que mató a miles de gentes y dejó a los vivos temblando de miedo; apenas cuando nos
25 estábamos acostumbrando a la paz surge el miedo de otra guerra; miedo que detiene la acción y produce sentimientos de emergencia en la gente. La guerra fría se inicia, inunda[16] la vida de todos, el pensamiento político de los hombres se divide en dos mundos separados, como si los hombres fueran distintos el uno del otro y
30 no estuvieran hechos de lo mismo. Pronto surge la orden para continuar la fabricación de armamentos atómicos y de bombas de hidrógeno, como si éstos fueran en verdad los instrumentos ideales para alcanzar la felicidad. La China y la URSS pactan treinta años de amistad, como si fuera necesario pactar la amistad, cuando ésta
35 está basada en acciones no en documentos firmados. En el otro

---

[15] guerra pasada: *probably World War II*
[16] inunda: *inundates, i.e., flows over into, affects*

lado del océano Pío XII[17] declara este año como el Año Santo. Ralph Bunche[18] obtiene el Premio Nobel de la Paz; W. Faulkner,[19] que pinta con sus letras el conflicto del sur de su país, el galardón Nobel en Literatura, conflicto que medio dormido ha despertado con violencia y con sangre. Algunos meses más tarde explota la guerra en Corea,[20] apenas cuando en Estocolmo[21] se había firmado el pacto para evitar la guerra. En ese año y en el anterior, la niñez fue cruelmente lastimada, más que nunca en la historia por la poliomielitis.[22] Estos hechos nos pueden dar una idea del contexto emocional, social y político en que esta generación de jóvenes que está disintiendo vino al mundo.

Éste era el clima de la vida, las condiciones sociales y políticas en medio de las cuales esta juventud empezó a desarrollarse, cuando empezó el proceso de separación de sus madres, de sus familias hacia la comunidad, al mundo en una continua búsqueda por su propia individuación.

En México hemos sido testigos de las acciones de la juventud en dos niveles. Los juegos olímpicos de 1968 fueron un ejemplo claro de lo que la juventud es capaz de hacer cuando el camino de su desarrollo tiene congruencia, de la preparación a la acción. Jóvenes de todos los puntos de la tierra mostraron y ejecutaron sin dificultad demostrando lo que son capaces de hacer. El presidente del Comité Olímpico Mexicano en su discurso de bienvenida a la juventud del mundo dijo entre otras cosas: ... "quiero referirme a un tema actual, la Juventud y los Juegos Olímpicos. En nuestro tiempo, la juventud emerge como un nuevo factor social y político, autónomo y transnacional. Los jóvenes son en la actualidad la mayoría de la población del mundo ... además del crecimiento demográfico, el aumento y la mejoría de las condiciones de vida en casi todos los países ha dado a la juventud un ímpetu dinámico urgente. Hace 100 años las necesidades econó-

---

[17] Pio XII: *Pope Pious XII (Eugenio Pacelli, 1876–1958). Pope (1938–58).*
[18] Ralph Bunche *(1904–1971), Am. political scientist and diplomat*
[19] W. Faulkner *(1897–1962), Am. novelist and winner of the Nobel Prize in literature, 1949*
[20] guerra ... Corea: *The Korean War*
[21] Estocolmo: *Stockholm, Sweden*
[22] poliomielitis: *polio*

micas obligaban a los jóvenes a abstenerse de ser adolescentes y a ser adultos en edades tempranas, con responsabilidades económicas y familiares. En la actualidad la gran prosperidad de ciertos núcleos urbanos permite a los jóvenes a prolongar su adolescencia por períodos cada vez más largos. Existe por lo tanto una desproporción entre la cifra de producción de jóvenes y la cifra de su absorción por la sociedad. Los jóvenes por lo tanto buscan algo para polarizar su fuerza y su entusiasmo. Algunos quieren reconstruir el mundo de acuerdo a un ideal; otros se escapan de la realidad, otros tratan de sublimar su angustia en la violencia. El deporte es juventud en acción, pero en acción que absorbe fuerza, su angustia y su voluntad y por lo tanto facilita su incorporación a la sociedad; ... el deporte es una forma de reintroducir a los jóvenes al verdadero concepto revolucionario; de que el futuro puede ser significativo y de que la juventud tiene un presente. La sociedad contemporánea necesita del deporte no sólo por razones intelectuales y emocionales, sino funcionales. No hay conflicto entre educación y deporte, por el contrario tienen la meta común de colocar al hombre en el punto nodal de la vida. El fin de la educación y del deporte es preparar a los jóvenes para que sean hombres y a los hombres para que sean parte de la humanidad". (Sáenz, J., Discurso de Bienvenida; 67 sesión, Comité Olímpico Internacional, México, D. F., Oct. 7/68).

Pero apenas un poco antes de esta actividad de la juventud, en México también la juventud disintió. Cuando los estudiantes empezaron a disentir, no fueron escuchados; como acto de conducta, el disentir continuó por su camino natural, la agresión y la violencia ocuparon la escena de la vida social y cultural de México. Esto fue manejado con represión y violencia. El local de la Universidad fue tomado por el ejército y más tarde la masacre de Tlatelolco[23] tiñó con sangre y muerte la conciencia de los mexicanos. Ejemplos como éste podrían llenar una lista interminable que todos nosotros llevamos en el archivo de nuestra memoria, como una herida abierta que no fácilmente puede cicatrizar.

[23] masacre de Tlatelolco: *Reference to massacre of several hundred Mexican students stemming from an encounter with Mexican soldiers and police on October 2, 1968, in Mexico City*

El acto de disentir no es solamente una conducta oposicionista, ya que este tipo de conducta no es entregarse a una causa sino estar en contra. Disentir en el sentido personal y social es tomar una postura,[24] es descubrir valores morales. Es ir más allá de los sistemas tradicionales socioculturales. Disentir es autodescubrimiento, es entregarse a las propias ideas, disentir es juventud en sí mismo.

Tal como lo anoté al principio de estas notas, disentir también es una protesta, pero cuando esta protesta no es escuchada, el disentir continúa, surge entonces la agresión y después la violencia. Desgraciadamente el fin de este acto de conducta es lo que ocupa la escena, lo que llama la atención. Lo que la sociedad ha hecho hasta ahora es nada más enfrentarse con el resultado final de esta conducta, solamente con las manifestaciones catastróficas. No será hasta que nos enfrentemos a los aspectos etiológicos,[25] cuando podamos darnos cuenta del disentir, pues si no éste continúa. (Harvard, apenas hace unos días es un ejemplo.) No será hasta que pongamos atención a lo que los jóvenes están tratando de decirle a la sociedad y entendamos su mensaje. Ésta es la juventud que hemos creado, tratemos de comprenderla; en las palabras de Malraux: "... el ensayo general de este drama suspendido anuncia la gran crisis de la civilización occidental".

(From: *Cuadernos Americanos*, No. 3, mayo-junio de 1970, pp. 61-67)

PREGUNTAS

1. ¿Qué quiere decir "disentir"?

2. ¿Cuál es la primera pregunta que se debe hacer sobre el disentir de la juventud?

3. ¿Cuáles son los hechos que han contribuido al problema de la juventud en la actualidad?

---

[24] tomar una postura: *to take a position*
[25] etiológicos: *etiologic, i.e., a study of the causes of*

4. ¿Está bien informada la juventud en la actualidad, y qué tiene esto que ver con la llamada diferencia entre las generaciones?

5. ¿Qué ha revelado el estudio hecho por la revista *Fortune*?

6. Según Parres, ¿dónde tienen su origen los trastornos sociales recientes?

7. ¿Cuándo nació la generación que está disintiendo ahora?

8. ¿Cómo era esa época durante la cual estos jóvenes empezaron a desarrollarse?

9. ¿Qué ocurrió en México cuando los estudiantes empezaron a disentir?

10. Según Parres, ¿qué se debe hacer ante el problema del disentimiento?

TEMAS DE DISCUSIÓN

1. ¿Cree Ud. que la juventud está disintiendo hoy?

2. ¿Qué cree Ud. es el mayor problema para su generación?

3. ¿Vale la pena disentir públicamente?

4. ¿Cree Ud. que la violencia puede ser justificada si no hay otro camino para expresar sus frustraciones?

5. ¿Hay semejanzas entre las ideas del Sr. Parres y las de Mildred Adams?

SELF-STUDY WORD TEST

I. SPANISH-ENGLISH. Select the best translation for the following:

1. **trazar** *(a) to treat   (b) to cover up   (c) to remove   (d) to outline*
2. **inscribir** *(a) to embellish   (b) to design   (c) to enroll   (d) to pay off*
3. **tener en cuenta** *(a) to hold true   (b) to pay the bill   (c) to have presence of mind   (d) to bear in mind*
4. **desafiar** *(a) to avoid   (b) to challenge   (c) to dare   (d) to defraud*
5. **trastorno** *(a) transfer   (b) transient   (c) upset   (d) attack*

6. **requisito** *(a) preview (b) requirement (c) request (d) requisition*
7. **galardón** *(a) foolhardy (b) gamble (c) reward (d) gallon of*
8. **cicatrizar** *(a) to wound (b) to heal (c) to aid (d) to circumscribe*
9. **manejar** *(a) to mangle (b) to manifest (c) to manage (d) to force out*
10. **entregarse a** *(a) to give in (b) to intrigue oneself with (c) to resist (d) to refuse to yield to*

II. SPANISH-SPANISH. Select the best Spanish synonym:
1. **aumentar** (a) crecer (b) omitir (c) quitar (d) pesar
2. **hogar** (a) casa (b) fuego (c) lugar (d) hacer
3. **aislamiento** (a) isla (b) incomunicación (c) determinación (d) orgullo
4. **enfoque** (a) apoyo (b) luz (c) actitud hacia (d) decisión
5. **fallar** (a) perder (b) hallar (c) sacudir (d) frustrarse
6. **pactar** (a) convenir en (b) dar a conocer (c) padecer (d) delinear
7. **lastimar** (a) estimar (b) causar daño (c) dejar salir (d) ir más allá de
8. **búsqueda** (a) busca (b) trabajo (c) burbuja (d) busto
9. **desarrollar** (a) nacer (b) añadir (c) desenvolver (d) llamar
10. **enterar** (a) entender por (b) unir (c) emular (d) informar

Josefina Vásquez de Knauth *(Mexico, 1932–)*, *author and educator, holds an administrative position in the Mexican Secretaría de Educación Pública and teaches at the prestigious Colegio de México. She has studied in many prominent universities both in her native Mexico (Universidad Nacional de México) as well as abroad (Universidad Central de Madrid, Universidad Nacional de Cuyo [Mendoza, Argentina], Harvard) Mrs. de Knauth has taught in the United States both at Duke and the University of Texas. She is the author of several books on sociopolitical and historical themes. Among her principal works are:* La imagen del indio en el español del siglo XII *(1962),* Historia de la historiografía *(1965),* Nacionalismo y educación en México *(1970), and* Mexicanos y norteamericanos ante la guerra del 47 *(1972).*

The theme of Mrs. de Knauth's timely study on the North American university system (here abridged for length) focuses on a recurrent concern in Spanish American Letters: the fear of dehumanization by machine-age technology. What makes her study unique, however, among the many reports on American universities is the special perspective provided by her training in and association with Spanish American institutions of higher learning.

VOCABULARIO

a cambio de	a trueque de	*in exchange for*
beca (*f*)	subvención (*f*)	*scholarship*
cifra (*f*)	número (*m*)	*number, figure*
computadora (*f*)	máquina de calcular	*computer*
entrenamiento (*m*)	preparación (*f*)	*training*
calificación (*f*)	nota (*f*)	*grade*
cola (*f*)	fila (*f*)	*line*
blanco (*m*)	objetivo (*m*)	*target*
pancarta (*f*)	cartel (*m*)	*placard*
tarjeta (*f*)	papeleta (*f*)	*card*
invertir	colocar	*to invest*
de sobra	exceso de una cosa	*more than enough*
presupuesto (*m*)	cálculo (*m*)	*budget*
ajuste (*m*)	arreglo (*m*)	*adjustment*
porcentaje (*m*)	tanto por ciento	*percentage*
colmo (*m*)	límite (*m*)	*limit*
llevar a cabo	efectuar	*to carry out*
comprometerse	obligarse	*to compromise oneself*
proveer	equipar	*to provide*
materia (*f*)	clase (*f*)	*class, subject*
trámite (*m*)	transacción (*f*)	*transaction*
cada vez más y más	con más frecuencia	*more and more*
choque (*m*)	conflicto (*m*)	*clash*
desplazar	desalojar	*to displace*

La universidad norteamericana: persecución de la verdad o deshumanización

JOSEFINA VÁSQUEZ DE KNAUTH

Escribir sobre la universidad norteamericana cuando a las nuestras las aquejan toda clase de crisis, parece ocioso.[1] Pero si en verdad necesitamos justificación en un mundo cada vez más interdependiente, podemos encontrar muchas. La actual crisis
5 estudiantil se generó en los Estados Unidos como una crisis provocada por la sociedad de masas y gracias a las comunicaciones modernas se contagió a todo el mundo, incluso a países donde la mayoría de los problemas planteados no existían todavía. Nuestros problemas son de tipo diferente, aunque no dejan de afectarnos
10 aquellos que son eco de problemas de nuestro tiempo y los que se deben al desarrollo asombroso que han logrado las instituciones norteamericanas, pueden resultar de utilidad para mirar con mayor perspectiva los problemas de las nuestras. Sin duda la sociedad norteamericana sigue siendo la más masiva de las sociedades de
15 masas, pero no cabe duda que nuestra Universidad y nuestra sociedad han entrado a ese estado y que empiezan a aquejarla problemas semejantes. [...]

La entrada en la sociedad de masas tenía que afectar la vida universitaria, pero ésta se mantuvo en un crecimiento restringido
20 hasta el fin de la Segunda Guerra Mundial, que iba a ver la

---

[1] cuando ... parece ocioso: *when our (universities) are afflicted with all kinds of crises seems fruitless*

verdadera transformación del *campus* norteamericano con la avalancha de los soldados que regresaban del frente y podían estudiar gracias al programa federal de rehabilitación[2] de veteranos de guerra. La sobrepoblación empezó a plantear sus problemas y el mismo gobierno federal instaló una comisión sobre educación superior para la democracia (1946) y empezó a ayudar financieramente a muchas universidades a cambio de servicios de investigación para sus propios fines. Además se inició una verdadera campaña para lograr que la igualdad de oportunidades para adquirir una educación superior se hiciera realidad. Becas y presiones antirracistas para abrir las viejas fortalezas, empezaron a invadir las instituciones de todo el país.

El crecimiento increíble sólo puede calibrarse[3] cuando comparamos las cifras de los estudiantes en instituciones de educación superior en 1940, un millón y medio, con los siete millones que hay hoy en día. Las universidades tuvieron que extenderse y ampliar sus servicios; hubo que conseguir más fondos, manejarlos más diestramente de manera que produjeran mayores rendimientos y empezar a hacer uso de las máquinas electrónicas para no entorpecer el funcionamiento administrativo que no perdió su eficiencia con la avalancha. La introducción de computadoras y de sistemas modernos de organización, que se habían resistido por mucho tiempo, dio a la universidad norteamericana el aire de una corporación, con su burocracia técnica eficiente, que parecía deshumanizar la vida académica. La eficiencia y la productividad se extendían a los profesores y el entrenamiento debía ser rápido e intensivo para proveer los técnicos y profesionistas que la sociedad de masas demandaba. Para cumplir mejor los objetivos de la universidad: investigación avanzada, entrenamiento de estudiantes y servicio a la comunidad, la universidad se convirtió en verdadero campo de competencia. Mario Savio, el líder del movimiento de Berkeley, llamó al fenómeno *mass miseducation*, estilo fábrica, simbolizado en al administración Kerr[4] y su idea de la multiversidad.

El problema es muy complejo, pero sin duda un resultado de la

---

[2] programa federal de rehabilitación: *This is a reference to the G.I. Bill educational training for World War II veterans which expired July 25, 1956.*
[3] sólo ... calibrarse: *can only be measured*
[4] Kerr: *Clark Kerr (1911-), President of the University of California (1959-1967)*

educación masiva que tenía que desindividualizarse y de hacer uso de las computadoras. Esta última innovación con frecuencia ha influido en la distribución de la autoridad y en la política de las instituciones académicas, lo que ha producido muchos problemas de ajuste.[5] Para su funcionamiento eficiente, las administraciones universitarias en todas partes se han hecho más autocráticas y su única preocupación parece ser proporcionar el máximo de facilidades para que pueda llevarse a cabo la más descarnada competencia en las mejores condiciones, lo cual desalienta al espíritu de iniciativa y de originalidad y aunque logra que los alumnos adquieran un máximo de información en un tiempo mínimo, provoca efectos psicológicos aún no bien definidos, que han conducido a la crisis actual.

Las máquinas computadoras se han utilizado adecuadamente para la inscripción, conservar los *records* de calificaciones y de antecedentes. Cualquier estudiante que haya sufrido las experiencias penosas de inscripción o de examen profesional en la Universidad de México, queda maravillado ante el hecho de que cualquier universidad norteamericana, con cifras de inscripción semejantes, es capaz de inscribir en un máximo de una semana a todos los alumnos con sólo llenar las trajetas correspondientes y efectuar el pago. El trámite no lleva más de dos horas de cola y un cambio de materia se hace mediante el trámite mínimo de reemplazar una de las tarjetas. En menor escala, se han utilizado las computadoras para decidir sobre las admisiones, que afortunadamente no se consideran mecánicamente a base de calificaciones, sino considerando un conjunto de factores. El costo de mantenimiento de las máquinas, obliga a la concentración centralizada de informes, lo que produce también resentimientos entre administradores y profesores. Por eso las computadoras han sido indebidamente, en la mayoría de los casos, el blanco de muchos ataques, en especial de los estudiantes que culpan a estos eficientes instrumentos, de los males de la sociedad de masa y de la universidad de masas. En la crisis estudiantil de Berkeley de 1964, era frecuente ver que los alumnos portaban pancartas en que con

---

[5] *See* Francis E. Ronke and Glenn E. Brooks, The Managerial Revolution in Higher Education *(Baltimore, The Johns Hopkins Press*, 1966).

ironía se imitaban los anuncios de las tarjetas perforadas: "Soy estudiante. Favor de no doblar o mutilar."

Y desde luego se saboteó a las computadoras que acaban de ser instaladas. Muchos han comprendido que el problema no es la máquina que, utilizada "debidamente", puede ahorrar una serie de molestias que las altas cifras de inscripción harían inevitables, sino todo un complejo de problemas de la sociedad contemporánea.

Las universidades que se han fundado en años recientes, que tienen la apertura de espíritu que permite la falta de tradición y mucho dinero, se han enfrentado a menos problemas, tal vez porque no padecen la mezcla de problemas derivados de una valoración tradicional con los derivados de la modernización. Estas instituciones caracterizan bien a la universidad norteamericana de nuestros días. El ejemplo perfecto puede ser el de la Universidad del Estado de Nueva York, fundada apenas en 1948, cuando la avalancha de veteranos y la entrada a la opulencia empezaron a elevar las cifras de los candidatos a la educación superior. El estado, que contaba con muchas buenas universidades privadas y algunas escuelas técnicas estatales, no había sentido hasta ese momento la necesidad de establecer una universidad estatal. Uno de los estados más ricos de la Unión, con una población más exigente, decidió invertir en su propio futuro cantidades fabulosas para elevar a su universidad a la primera categoría en unos cuantos años. Tras el modelo de California, se decidió por construir una universidad en recintos separados. Hoy tiene alrededor de unos 125.000 estudiantes en sus cuatro instalaciones (Buffalo, Albany, Harpur y Stony Brook). El más reciente centro universitario es el de Stony Brook (1958) y tiene ya acomodo, servicios y profesores para más de cinco mil estudiantes y construye a pasos agigantados para tener listos servicios residenciales y académicos para unos diez mil estudiantes en 1970. Tiene unos quinientos professores (por supuesto de tiempo completo), el 75% de los cuales son doctores y entre los que, gracias a las enormes cantidades de dinero con que la universidad cuenta se encuentran algunas luminarias, como C. N. Yang, premio Nobel de Física, al que se ofreció la cátedra Einstein de 100,000 dólares anuales (45,000 de salario, el resto para ayudantes y material). Todos dejaron atrás otras instituciones más prestigiadas por los incentivos que ofrece Stony Brook en la investigación y la oportunidad de "hacer una universidad" desde el principio. La biblioteca a sólo diez años de fundada la universidad cuenta ya con unos 200.000 volúmenes, 48.000 documentos y recibe 3.300 publicaciones periódicas. Los laboratorios y las computadoras sirven de sobra las necesidades actuales y tiene como ventajas tanto la cercanía de la ciudad de Nueva York, con sus excelentes bibliotecas, como la vecindad del Laboratorio Nacional de Brookhaven. No obstante esto, se ha proyectado construir un laboratorio nuclear con un costo de construcción de 2.700.000 dólares y un hospital al que se dedicarán 75.000.000, que permitirán abrir eventualmente la Escuela de Medicina. Todos estos logros se llevan a cabo gracias a un generoso presupuesto en constante ascenso y al entusiasmo que expresa su presidente como "lo emocionante de estar en el principio de una universidad, que posee todas las condiciones para convertirse en una de las mejores instituciones del país en sólo una década".

Ahora bien, la misma excelencia de las universidades americanas y la opulencia de la sociedad que ellas reflejan, han producido una nueva crisis en la historia de estas instituciones. Por supuesto que hay un sinnúmero de factores que intervienen en la crisis que son de tipo extraacadémico, como el movimiento por derechos civiles —el primero que sacudió a la comunidad académica y la lanzó al activismo político—, la inseguridad que produjo el lanzamiento del primer *sputnik* ruso,[6] la revolución cubana y la guerra en Vietnam, que reavivaron el sentimiento de culpa de los norteamericanos, así como los ajustes que ha producido la entrada en una sociedad postindustrial, con su uso y abuso de máquinas y el centralismo de autoridad y la burocratización que trae aparejados. Este último fenómeno es muy importante; Edward Schwartz, uno de los líderes radicales del "poder estudiantil", señalaba como principal objetivo de los movimientos el "buscar la solución de la doble paradoja: adquirir responsabilidades en un ambiente de libertad y hacer valer el poder del individuo en un clima de impotencia",

---

[6] el lanzamiento ... ruso: *the launching of the first Russian* sputnik

palabras con las que los mismos estudiantes conservadores estarían de acuerdo. Uno de ellos, Arnold Steinberg, expresaba: "los estudiantes conservadores no somos apologistas del *status quo*. Aborecemos por lo menos en la misma medida que los neoizquierdistas[7] el creciente centralismo y la burocratización de la sociedad, lo mismo que la consecuente pérdida de la individualidad". La diferencia entre los dos grupos está, por supuesto, en la forma en que cada uno pretende alcanzar sus fines.

Pero en el ambiente académico mismo, al tiempo que las universidades reciben, hoy en día, según opinión general, una de las generaciones de estudiantes más inteligente, trabajadora y responsable y que posee un grupo de profesores preparados, decentemente remunerados, con facilidades bibliotecarias, de laboratorio, ayudantes y material, sin precedentes, algo falla. Por un lado, la sociedad norteamericana, que tiene el mayor porcentaje de población con educación superior, ha tenido que aumentar los requisitos de calidad para limitar el número de los que pueden continuar su educación. La presión es constante para poder entrar a una buena institución, para adquirir una beca, para lograr una posición y a menudo, como ellos lo expresan, se exagera en las presiones innecesarias. El currículum parece no responder a los intereses de los mejores estudiantes que, ante una sociedad con problemas urgentes por resolver y un mundo plagado de miserias, están más interesados en caminos que los lleven a entender esta problemática y al servicio social, que en la industria, las finanzas y el gobierno. Para colmo, los profesores mismos que han despertado sus inquietudes, parecen lejanos, preocupados en sus propias investigaciones y en apariencia hasta molestos de "perder tiempo" en la enseñanza. Pero el profesor no está mejor librado.[8] Siente la ansiedad de los mismos problemas y sufre la misma presión institucional. Tiene que investigar, publicar y participar en cuantas actividades lo requieran, de manera que pueda mantener su posición o mejorarla. Por otra parte, la industria, el gobierno federal y el estatal, las organizaciones cívicas y las fundaciones requieren cada vez más y más, sus servicios o su opinión calificada.

---

[7] los neoizquierdistas: *the new left*
[8] Pero el profesor ... librado: *But the professor isn't any better off.*

Las universidades estimulan la dedicación devota de sus profesores a la investigación y la respuesta a las solicitudes de las instituciones que los requieren, tanto por el prestigio que esto le otorga a la institución, como porque se traduce en posibilidades de nuevos fondos.

La universidad para una administración eficiente requiere el servicio de una burocracia regular y de un grupo de verdaderos promotores a la cabeza, que se ocupan de la difícil tarea de[9] obtener y administrar los fondos financieros. La mayoría de las veces, la obtención implica un compromiso con el gobierno, la fundación o la organización que otorga los fondos y ellos han sentido hasta ahora que no había contradicción, puesto que la universidad norteamericana desde su fundación ha respondido a las necesidades de la comunidad que la patrocinaba. No sólo las universidades públicas han llevado a cabo programas de investigación para el gobierno, sino también las privadas, aunque algunas como la de Harvard han evitado aquellos que pudieran limitar su libertad. Casi todas han puesto en práctica programas de entrenamiento de oficiales del ejército (ROTC), una de las causas de ataques estudiantiles recientes. La administración muy racional de los bienes de las universidades privadas ha llevado también a choques con los estudiantes, que ven en esas decisiones muchas veces un ejemplo más de la deshumanización de éstas. Un ejemplo típico lo presentan los proyectos de expansión de Columbia o de la Facultad de Medicina de Harvard; enclavadas en[10] pobres barriadas, sus administraciones sin ninguna consideración decidieron desalojar a sus habitantes para construir nuevos edificios. Los estudiantes preocupados por los problemas sociales ven simbolizada en esta actitud la pérdida de rumbo de la universidad.

En realidad todo se resume en la necesidad de redefinir los objetivos de la universidad norteamericana, como lo expresa el Informe de la Comisión Cox[11] sobre la crisis en Columbia: 1) ¿Cuál es la meta apropiada de la universidad en cuanto a la

---

[9] que se ocupan... tarea de: *engaged in the difficult task of*
[10] enclavadas en: *locked in, fixed in*
[11] The Cox Commission Report: Crisis at Columbia. Report of the Fact-Finding Commission Appointed to Investigate the Disturbances at Columbia University in April and May 1968 *(New York, Vintage, 1968).*

respuesta práctica e inmediata de conocimientos aplicables a los problemas militares, industriales, sociales y económicos? 2) Si la universidad se compromete en cruzadas sociales ¿cómo y por quiénes se harán las decisiones sobre cuándo, cómo, dónde y en qué usos serán aplicados sus conocimientos? Los estudiantes piensan que en lugar de aplicar la investigación a la guerra, a la defensa y a la expansión del país, deberían aplicarse a la solución de los problemas raciales, económicos y sociales del mismo. En lugar de desplazar a los habitantes de una barriada para extender los servicios universitarios, la universidad debería ayudar a esas gentes a salir de su condición. Quieren, por supuesto, participar en el proceso de hacer las decisiones y en cierta forma lo han ido logrando. Harvard se ha rendido en dos de los puntos de ataque, el programa del ROTC y el desplazamiento simple y llano de gentes para su ampliación. La universidad ha suprimido el programa de entrenamiento de oficiales y se ha comprometido a construir previamente, viviendas modestas donde los desplazados puedan mudarse.

Al final y a pesar de lo dramático que resulta la violencia excesiva en ocasiones, no puede uno menos que estar de acuerdo con MacLeish cuando afirma que "en un mundo donde toda la posición del hombre en cuanto a hombre está en duda, todo el mundo se siente inseguro, incómodo" y los jóvenes que empiezan a enfrentar las dificultades de ese mundo, tienen derecho a simpatía y compresión. Y si las universidades han de justificar su existencia tienen que ayudar a encauzar la búsqueda angustiosa de respuestas a todos los nuevos problemas de nuestro tiempo, tienen que ajustarse a los nuevos imperativos de la distribución de la autoridad que se equiparen con las responsabilidades que se tienen que enfrentar, y encontrar una solución al dilema que le plantea nuestro tiempo: cómo lograr que la politización no afecte negativamente uno de sus fines tradicionales, la persecución de la verdad.[1,2]

(Edited from *Deslinde*, No. 4, mayo-agosto de 1969, pp. 48–57)

---

[12] cómo lograr que . . . de la verdad: *how can we succeed in preventing the influence of politics from negatively affecting one of our traditional goals, the search for truth*

PREGUNTAS

1. ¿Por qué escribe la Sra. Vázquez de Knauth sobre la universidad norteamericana si aquejan toda clase de crisis a la universidad latinoamericana?

2. ¿Qué inició la verdadera transformación del *campus* norteamericano?

3. ¿Qué dio a la universidad norteamericana el aire de una corporación?

4. ¿Quién es Mario Savio y qué dijo?

5. ¿Cuáles son los problemas resultantes del uso de las computadoras?

6. ¿Por qué han enfrentado menos problemas las universidades fundadas en años recientes?

7. ¿Cómo es el nuevo centro de la Universidad de Nueva York en Stony Brook?

8. ¿Cuáles son los factores que intervienen en la crisis de que sufren las universidades norteamericanas?

9. Según la autora, ¿qué es lo que falla en la universidad norteamericana?

10. ¿Qué requiere la universidad para su administración?

11. ¿Cuál ha sido una de las causas de los ataques estudiantiles recientes?

12. ¿Qué ocurrió cuando la universidad de Columbia trató de extenderse?

13. ¿Cuáles son los tres puntos del Informe de la Comisión Cox?

14. ¿Qué ha dicho Archibald MacLeish?

15. ¿Qué tienen que hacer las universidades si quieren justificar su existencia?

TEMAS DE DISCUSIÓN

1. ¿Cree Ud. que la universidad debe comprometerse al aceptar fondos del gobierno federal?

2. ¿Cree Ud. que el programa llamado R.O.T.C. debe formar parte de la universidad?

3. ¿Cree Ud. que la computadora deshumaniza la vida universitaria?

SELF-STUDY WORD TEST

I. SPANISH-ENGLISH. Select the best translation for the following:
1. **beca** *(a) bead (b) scholarship (c) beak (d) poster*
2. **computadora** *(a) computation (b) calculation (c) computer (d) conversation*
3. **calificación** *(a) heat (b) grade (c) cancellation (d) target*
4. **blanco** *(a) blank (b) target (c) dark (d) bank*
5. **tarjeta** *(a) card (b) postcard (c) target (d) grade*
6. **de sobra** *(a) more than enough (b) in demand (c) beyond one's limit (d) already sealed*
7. **ajuste** *(a) justice (b) adjustment (c) praise (d) furniture*
8. **colmo** *(a) bottom (b) consequence (c) limit (d) failure*
9. **comprometerse** *(a) to risk (b) to corrupt oneself (c) to compromise oneself (d) to contain*
10. **trámite** *(a) transient (b) limit (c) truce (d) transaction*

II. SPANISH-SPANISH. Select the best Spanish synonym:
1. **a cambio de** (a) a trueque de (b) para (c) a pesar de (d) entre
2. **cifra** (a) cerro (b) número (c) afluencia (d) cero
3. **entrenamiento** (a) entretenimiento (b) fiesta (c) preparación (d) baile
4. **cola** (a) fila (b) cabeza (c) pata (d) ojo
5. **pancarta** (a) carta (b) pan (c) cartel (d) pan en forma de carta
6. **invertir** (a) colocar (b) investigar (c) ahorrar (d) complicar
7. **presupuesto** (a) por consiguiente (b) quizá (c) cálculo (d) medio
8. **porcentaje** (a) tanto por ciento (b) pormenor (c) promedio (d) investigación
9. **cada vez más y más** (a) con más frecuencia (b) en menor grado (c) de grado en grado (d) de vez en cuando
10. **desplazar** (a) desalojar (b) efectuar (c) despegar (d) añadir

María Teresa Babín *(Puerto Rico, 1910) and* Nilita Vientós Gastón *(Puerto Rico) have both been eloquent spokesmen for the rich cultural heritage of Puerto Rico. Miss Babín who currently is Professor of Puerto Rican studies at the Herbert Lehman College of the City University of New York has authored both literary studies* (García Lorca: vida y obra) *and cultural histories of her island home* (Panorama de la cultura puertorriqueña). *Nilita Vientós Gastón, a lawyer by profession, was a member of the editorial board of the important Puerto Rican journal* Asomante *from its founding in 1945 until its demise in 1969, and now edits a sequel journal* Sin nombre. *Among her several books is a study on Henry James,* Introducción a Henry James, *and several studies of Puerto Rico, including* Índice cultural *(1962), and* Comentarios a un ensayo sobre Puerto Rico *(1964).*

The essay presented here is closely related thematically to the study of Adolfo G. Domíguez on the Chicano movement and tangentially to Zea's "El indio," and to Mildred Adams' "El nuevo feminismo." They all, of course, are related to the problem of minority groups. As you read this essay you might want to look for parallels in the Chicano and Puerto Rican minority movements.

9

VOCABULARIO

otorgar	conceder	to grant
patrón (m)	dueño (m); modelo (m)	boss, owner; model
asignatura (f)	lección (f)	lesson
polémica (f)	controversia (f)	polemic
aprobar	declarar apto, adecuado	to approve
pleito (m)	disputa (f), litigio (m)	dispute, lawsuit
ajeno	que pertenece a otro	foreign, another's
tregua (f)	suspensión de hostilidades	truce
porvenir (m)	futuro (m)	future
amparar	proteger, favorecer	to protect
prejuicio (m)	idea preconcebida	prejudice
emanar de	derivar, venir de	to emanate from
envenenar	emponzoñar	to poison
no cabe duda	no hay duda	there's no doubt
apegarse	cobrar afición o inclinación, favorecer	to be attached to, fond of
ambigüedad (f)	incertidumbre (f)	ambiguity
menosprecio (m)	desdén (m)	scorn
dueño (m)	amo (m)	owner
socio (m)	miembro (m)	member
intereses creados (m)	renta (f)	vested interests
rescatar, rescate (m)	recobrar por precio o fuerza	to ransom, ransom
ganarse el pan	ganarse la vida	to earn one's living
menester (m)	necesidad (f)	necessity
prensa (f)	diarios (m) periódicos (m)	the press
vocero (m)	portavoz (m)	mounthpiece, spokesman
acudir	ir, llegar	to go, to come
desatino (m)	error (m)	blunder, error
quehacer (m)	tarea (f)	duty, task

La situación de Puerto Rico
MARÍA TERESA BABÍN
AND NILITA VIENTÓS GASTÓN

Cambio de Soberanía: 1898

La historia de Puerto Rico, que es la historia de una colonia, se divide en dos etapas: la de la dominación de España y la de la dominación de los Estados Unidos. El descubrimiento, en el segundo viaje de Colón, vincula la antigua tierra taina a la cultura española[1] desde el año 1493 hasta fines del siglo XIX, cuando la isla pasa a poder de los Estados Unidos en 1898, al terminar la Guerra Hispanoamericana.[2] Tiene gran significación el hecho de que ya para esa fecha España le había otorgado a la Isla una Carta Autonómica liberal,[3] culminación de los afanes de los puertorriqueños por el reconocimiento de sus derechos políticos. El brusco cambio de 1898 hace caso omiso[4] del documento autonómico al colocar el destino de Puerto Rico en manos de un país de lengua y tradiciones distintas. El impacto es doloroso y definitivo. Se utiliza desde entonces toda clase de procedimiento colonialista para imponer a los puertorriqueños un estilo de pensamiento y de vida conformes al patrón y a los intereses de los Estados. El idioma inglés en la educación, el trasplante del sistema económico del país dominador, su maquinaria industrial y técnica, la imagen bondadosa del Tío Sam y de Santa Claus —que lleva

---

[1] vincula la antigua ... española: *joins the ancient Tainian land (Puerto Rico) to the culture of Spain. N.B. Taino is the adjective used to refer to the Indians who inhabited the Antilles prior to Columbus.*

[2] Guerra Hispanoamericana: *Spanish American War. Note that Puerto Rico was a Spanish possession and was passed on to the United States after the defeat of Spain in 1898.*

[3] Carta Autonómica Liberal: *charter of autonomy*

[4] hace caso omiso: *omits*

camino[5] de sustituir a los Reyes Magos— van filtrando poco a poco, y sin desmayo, unos conceptos éticos que invaden todas las capas de la estructura social. No hay resquicio libre de esta penetración.

Bilingüismo

Para comprender el drama de la historia de Puerto Rico en lo que va del siglo es muy revelador seguir el orden cronológico de las normas adoptadas por el sistema educativo para implantar el llamado "bilingüismo". Este aspecto de nuestra vida colectiva les permitirá ver con mayor claridad, a los que no están familiarizados con la situación política del país, la intensidad y la extensión de los recursos utilizados para americanizar al país. Es también el testimonio más honroso de la lucha callada y sostenida de nuestro pueblo por conservar su peculiar modo de ser.

Desde que Puerto Rico pasó a ser posesión de los Estados Unidos el año 1898 se ha hecho todo lo posible por hacer del inglés el idioma oficial de la escuela. A fines de 1912 se había conseguido prácticamente la sustitución del español por el inglés como vehículo de enseñanza. En 1913 surgió la oposición de padres y maestros; la presión de la opinión pública obligó al Comisionado de Instrucción a ordenar la enseñanza en español de varias asignaturas y a introducir la enseñanza de la lectura en español en el primer grado. Entre 1914 y 1915 intervinieron en la polémica de la lengua a favor del español los miembros de la Cámara de Delegados, entre los cuales se destacó don José de Diego. "Ningún país —escribe uno de los escritores de la época— le da a su idioma en sus escuelas el trato y el puesto y el carácter de una *asignatura*." En 1934 se inició una reforma de gran importancia: decretar que el español fuera el vehículo de enseñanza en la escuela primaria y que el inglés se enseñara como asignatura en los dos grados últimos. Pero en 1937 se vuelve atrás por razones políticas: se tantean varios sistemas[6] hasta 1946, en que la realidad obliga a establecer las normas sensatas[7] del 1937.

---
[5] lleva camino: *is in the process of*
[6] se tantean... sistemas: *various systems are tried out*
[7] sensatas: *prudent, wise*

Para tratar de poner fin a esta anarquía educativa, para evitar que los puertorriqueños salieran de la escuela con dos lenguas a medias, sin poderse expresar bien en ninguna, la Legislatura aprobó en 1946 un proyecto de ley decretando el uso exclusivo
5 del español en las escuelas públicas, incluyendo la Universidad. El Governador vedó[8] el proyecto, la Legislatura lo volvió a aprobar, el Gobernador lo vedó por segunda vez, razón por la cual, según la ley, debía que someterse al Presidente de Estados Unidos. Por existir diferencias de criterio en cuanto al modo de computar los
10 días que tenía a su disposición el Presidente para vedar la ley —problema jurídico del cual dependía su vigencia— el asunto se llevó a los tribunales, declarando el Tribunal Supremo de Puerto Rico en enero de 1948 que el proyecto no se había convertido en ley. Los hechos más relevantes de esta ley y del proceso que
15 motivó ponen en claro, de una parte, la intención del pueblo de conservar la lengua vernácula, manifestada de modo inequívoco a través de su legislatura, y, de otra parte, indica que el bilingüismo en la educación de Puerto Rico es una cuestión política. No es exagerado decir que la pedagogía ha estado, pues, al servicio de la
20 americanización conscientemente. La escuela ha centrado su mayor esfuerzo en el bilingüismo, mientras se han desentendido aspectos vitales de la educación[9] y nunca se ha logrado una filosofía pedagógica que aclare los objetivos de la escuela puertorriqueña.

Otros aspectos de esta situación son los siguientes: las librerías
25 venden más libros de autores norteamericanos que de autores españoles, latinoamericanos o puertorriqueños. Apenas se estudia la literatura puertorriqueña en la escuela primaria y la secundaria. Los estudiantes desconocen la vida y obra de los patriotas y escritores de Puerto Rico y de la América que no hable inglés.
30 Bolívar, Juárez, Sarmiento, Martí, Hostos, Betances... son nombres ajenos para los alumnos de nuestras escuelas, mientras celebran los días dedicados a honrar la memoria de Washington, Lincoln, Roosevelt... Es de interés señalar, como una prueba más del intento de americanización por medio del bilingüismo, una ley

---

[8] vedó: *vetoed*
[9] mientras se han ... educación: *while other vital aspects of education have gone unnoticed*

de 1902 disponiendo el uso del inglés y el español "indistintamente" en las oficinas públicas y los tribunales, con excepción de los municipios y los tribunales municipales. Actualmente hay un pleito pendiente en el Tribunal Supremo sobre la interpretación de esta ley en cuanto al uso del inglés en los tribunales.

Desde el principio, pues, la vinculación al poderío de Estados Unidos planteó la batalla, en la que no ha habido tregua, entre el español y el inglés. La conservación de la lengua española y de los valores estéticos y morales de la nación puertorriqueña —aunque no tenga reconocimiento como tal en el derecho internacional— se ha realizado en gran medida al margen de la escuela. Hay que reconocer la perseverancia y el denuedo[10] con que el pueblo ha logrado sostener un lugar respetable en la cultura de la gran familia hispanoparlante de América durante sesenta y seis años a pesar de la tenaz, continua e inescapable propaganda en pro de la lengua inglesa y de los valores sociales y económicos prevalencientes en los Estados Unidos.

Puerto Rico, que ha vivido en la indesición en cuanto a tantas cosas fundamentales, y ha padecido de tantos espejismos ofuscadores,[11] no ha entregado su lengua, la posesión más preciada de sus gentes. El triunfo del español en todos los frentes puede marcarse con orgullo: es la lengua que se usa en casi todas las dependencias de la rama ejecutiva, en que delibera la Asamblea Legislativa, en que se imparte justicia y, sobre todo, es la lengua de la familia y de la literatura. [...]

Sociedad: Política y Economía

Al intensificarse el proceso de asimilación a la imagen del poderío de la sociedad masificada prevaleciente en los Estados Unidos, la situación de Puerto Rico ha adquirido unas características alarmantes: predominan la artificialidad, el boato y el desarraigo[12] en el aparente bienestar económico de la isla; la acelerada transformación del jíbaro (campesino) en obrero pro-

---

[10] denuedo: *courage*
[11] ha padecido ... ofuscadores: *has suffered from so many bewildering illusions*
[12] el boato y el desarraigo: *pompous show and rootlessness*

duce desequilibrios sociales traumáticos: una nutrida clase media está en crecimiento cuantitativo; los intelectuales y los profesionales que llevan hoy la carga gubernamental pugnan por imponer sus respectivas ideas partidistas, sosteniendo entre ellos una intensa lucha en la cual se mezclan los sentimientos patrióticos y la obligación de ser leales a los Estados Unidos, del cual somos ciudadanos a partir de 1917. Hay que recalcar[13] que esta ciudadanía le impone al puertorriqueño el servicio militar obligatorio y le lleva a luchar en las guerras de los Estados Unidos.

La incertidumbre en relación al porvenir, las dudas sobre la conveniencia de separar a Puerto Rico de los Estados Unidos políticamente, el resquebrajamiento[14] de la moral cívica y la actitud pesimista o desesperada de las minorías pensantes y liberales frente a la indiferencia, la conformidad, el cinismo y la altanería[15] de los grupos reaccionarios amparados en la prensa, casi toda a su servicio, y la entrega incondicional a los intereses económicos y políticos de los Estados Unidos, expresan la dramática situación de la sociedad insular al hacer el inventario de 66 años del coloniaje norteamericano. El pueblo de Puerto Rico siente su destino ligado al ideal democrático, identificando este ideal con los Estados Unidos hasta el extemo de llegar a sospechar de la posibilidad de poder sostenerlo fuera de la órbita del gobierno de ese país. El temor a la independencia en muchos puertorriqueños emana de esa incertidumbre, y hasta el concepto de "república" ha perdido prestigio por la propaganda favorable al anexionismo de Puerto Rico como estado federado de los Estados Unidos, alentado por los casos de Alaska y Hawaii, y la situación de algunas repúblicas latinoamericanas donde la dictadura y la tiranía han prevalecido desde que se constituyeron en países soberanos. La cuestión cubana ha complicado más las cosas, ya que se tiende a imaginar hoy que todo independientista puertorriqueño simpatiza con el comunismo, y han empezado a manifestarse brotes de histerismo y de ataques irresponsables a los partidarios de la independencia. [...]

[13] recalcar: *to emphasize*
[14] resquebrajamiento: *breaking down*
[15] altanería: *insolence*

Cultura y Universidad

El contrapunto al proceso social descrito lo han dado en Puerto Rico las minorías intelectuales, el pueblo apegado a sus tradiciones seculares y las instituciones culturales, sobre todo el Ateneo Puertorriqueño,[16] la más antigua, fundada en 1876, cuya política de tribuna libre ha permitido y estimulado la expresión de las minorías, el Instituto de Cultura Puertorriqueña, entidad oficial que es un excelente ejemplo de la ambigüedad característica de la vida puertorriqueña. Aunque la prédica constante del Partido Popular Democrático, que lleva más de veinte años en el poder, sea la unión permanente con los Estados Unidos, muchos de sus dirigentes se preocupan por el lento pero implacable proceso de destrucción de lo puertorriqueño. Por un lado el gobierno exalta los valores políticos y económicos de los Estados Unidos, y por otro lado siente la responsabilidad histórica de sostener y estimular los valores culturales puertorriqueños: he ahí la creación del Instituto de Cultura el año 1955.

La Universidad de Puerto Rico, existente desde 1903, ha tendido preferentemente a copiar y reflejar los métodos y los programas de estudio existentes en las universidades de los Estados Unidos, esquivando[17] los modelos europeos y latinoamericanos. [...] Además de la Universidad de Puerto Rico, localizada en los pueblos de Río Piedras y Mayagüez, existen en la isla otras universidades católicas y protestantes de prestigio, predominando en ellas, al igual que en la Universidad de Puerto Rico, el criterio de hacer valer la lengua inglesa, los patrones[18] educativos importados de los Estados Unidos, el sistema de facultades y de grados académicos existentes en Chicago, California, Nueva York o cualquier otra ciudad de la nación, con menoscabo de los estudios humanísticos y el menosprecio por la cultura puertorriqueña y los valores encarnados en la literatura y el lenguaje español. [...]

---

[16] Ateneo Puertorriqueño: *the Atheneum of Puerto Rico (a literary association)*
[17] esquivando: *avoiding*
[18] patrones: *models, standards*

Influencia Norteamericana

La influencia norteamericana en Puerto Rico es evidente en todas partes. Grandes hoteles de lujo; gigantescos supermercados, cuyos dueños y administradores son casi siempre millonarios de los Estados Unidos; negocios fabulosos en los cuales participan algunos puertorriqueños con los socios representativos de las industrias extranjeras, han ido convirtiendo poco a poco al puertorriqueño en un lugarteniente[19] de estos intereses, en un modesto empleado arrollado y arrinconado[20] por la fuerza potente de los intereses creados por estas empresas. La acaparación de tierras de labrantío[21] por grandes corporaciones absentistas dio lugar en el pasado cercano —influenciado por la política del Nuevo Trato en los Estados Unidos— a los llamados pleitos de las 500 acres entablados por el Estado —hoy paralizados— para el rescate de las tierras. Pero en la actualidad no se trata sólo de las tierras de cultivo sino de la hacienda total cuyo dueño es el conglomerado de industriales que ha sentado plaza en la isla[22] para montar fábricas, dedicarse a la construcción y a la gerencia de bancos, hoteles, condominos, barriadas residenciales, falansterios[23] mercados gigantescos, centros comerciales, todos los fines de especulación lucrativa que puedan concebirse.

Emigración a los Estados Unidos

La emigración de miles de puertorriqueños a los Estados Unidos después de la Segunda Guerra Mundial es un índice de la apremiante[24] situación económica de una población crecida en un territorio escaso, y además de limitado en extensión, ocupado en gran parte por intereses ajenos a los del pueblo. Esa población desterrada que llega a un millón de personas mantiene una patética fidelidad a su país de origen. Es una emigración muy peculiar, porque nuestro emigrante, al revés del emigrante de verdad, no se

---

[19] lugarteniente: *deputy, substitute*
[20] arrollado y arrinconado: *trampled and neglected*
[21] acaparación ... labrantío: *monopolization of tillable land*
[22] que ha ... isla: *which have set up business in the island*
[23] barriadas ... falansterios: *residential districts, cooperatives*
[24] apremiante: *pressing, urgent*

va de su país casi nunca con ánimo de quedarse. Sale a tratar de ganarse el sustento pero con la intención de regresar. Estos puertorriqueños ocupan sectores enteros en Nueva York, en donde pasan de 600.000. Como se apegan a su lengua y sus costumbres y existe contra ellos el prejuicio que despierta siempre en una comunidad un gran contingente de extranjeros al parecer inasimilables, constituyen de hecho una ciudad dentro de la metrópoli. Se ha dicho que Nueva York es la ciudad puertorriqueña más grande. El puertorriqueño en los Estados Unidos constituye hoy una fuerza política de importancia. Por azares del destino histórico ese mismo puertorriqueño a quien se le ha sometido desde 1898 a un sistema de presiones en la vida social, educativa y económica para convertirlo en un ser de habla inglesa, al llegar hoy a los Estados Unidos sigue hablando su lengua vernácula, demuestra el apego entrañable a su patria natal, y resulta un factor humano decisivo en la orientación de los educadores y los políticos hacia el respeto y el aprecio de la lengua española y de la cultura latinoamericana.

Bases Militares y Sistema Económico

Es esencial conocer el dato de que más del diez por ciento del territorio insular está ocupado por bases militares o navales de los Estados Unidos. Hay poblaciones enteras, como la de Vieques, afectadas radicalmente por la construcción de estas bases, pues no sólo han desplazado a los habitantes de las zonas donde vivían y se ganaban el pan, sino que han creado dolorosos problemas sociales, económicos y psicológicos. Puerto Rico es un mercado codiciado por los Estados Unidos; la isla depende totalmente de las importaciones, imprescindibles para subsistir, del comercio con los Estados Unidos; y siendo Puerto Rico un país con dos millones y medio de habitantes, resulta muy revelador que constituya uno de los principales mercados del mundo para los productos norteamericanos, desde el automóvil hasta la carne y el pan, las medicinas y el adorno frívolo de las modas femeninas.

Las exportaciones de productos puertorriqueños a los Estados Unidos son necesariamente muy inferiores en cantidad a las importaciones que la isla tiene que hacer para todos los menesteres de la existencia. Las ventajas que le ofrece el territorio insular a los negocios norteamericanos incluyen la posibilidad de establecer fábricas con exención contributiva federal e insular,[25] pagar salarios más bajos que los permitidos por la ley en los Estados Unidos, y disfrutar de un sinnúmero de privilegios sociales que no tendrían los norteamericanos aquí establecidos si estuvieran en su propio país, donde existen prejuicios raciales y antagonismos religiosos que no tienen arraigo en Puerto Rico. El clima benigno y la hermosura del paisaje atraen, además, a los que se dedican al turismo, lo cual va convirtiendo el país en un "playground" espléndido para los jugadores profesionales, los traficantes en drogas y los pintorescos visitantes de variado plumaje que pasan por la isla anualmente.

Añádase a este cuadro el hecho de que los norteamericanos residentes en Puerto Rico viven al margen de las inquietudes culturales del puertorriqueño, no se preocupan por aprender nuestra lengua, y crean sus centros exclusivos de recreo y sus escuelas particulares. También acuden a la isla muchos representantes de los pueblos catalogados como insuficientemente desarrollados o subdesarrollados, habiéndose convertido nuestro país en una "vitrina"[26] de propaganda para los Estados Unidos y los intereses del partido en el poder. Un fenómeno que alcanza ya proporciones alarmantes para la cultura insular es la falta de una buena prensa en español. Los escasos periódicos publicados en la isla son voceros llenos de prejuicios, contradicciones y posiciones peligrosas de estrechez intelectual, lo cual ha dado lugar a que un periódico en inglés publicado en San Juan haya adquirido en los últimos meses un prestigio inusitado por mantener una posición conservadora, pero de carácter más liberal y objetivo en la información que el de los periódicos en español, con excepciones esporádicas de algunos artículos publicados de vez en cuando por autores y periodistas idóneos.

---

[25] con ... e insular: *exempt from federal and island (local) taxes*
[26] vitrina: *showcase*

Complejidad del Caso de Puerto Rico

La complejidad del caso de Puerto Rico en el mapa cultural de las Américas se agrava más por el desconocimiento de los pueblos latinoamericanos, cuya imagen aparece borrosa y lejana, mientras Puerto Rico resulta para los latinoamericanos un caso muy raro, difícil de entender. El *status* actual del país contribuye a la desorientación, ya que la ambigua fórmula llamada Estado Libre Asociado, adoptada el año 1952, ha colocado a la isla políticamente en una encrucijada.[27] Los independentistas se han dispersado en grupos y movimientos diferentes, habiendo lamentables discrepancias en cuanto a la forma de luchar por la soberanía. El impacto del comunismo en la zona del Caribe, desde que Cuba lo impone para enfrentarlo a la democracia, ha contribuido a complicar más el caso de Puerto Rico. De una parte, se utiliza nuestra isla como modelo de territorio progresista adscrito a los Estados Unidos, contraponiendo de otra parte el ejemplo temible de una Cuba enemiga de los Estados Unidos. La independencia por medios violentos, que sería un desatino, se repudia en Puerto Rico, y la independencia por medios legales y pacíficos, aunque parezca fácil en estos tiempos en que se liquida el coloniaje en todo el mundo, depende mucho más de los intereses y de las decisiones del Congreso de los Estados Unidos que de la voluntad de nuestro pueblo. Por esa convicción, la idea de celebrar un plebiscito, en vez de entusiasmar a los puertorriqueños más conscientes, los deja indiferentes y desconfiados de su eficacia.

El Intelectual ante la Independencia

El intelectual de Puerto Rico ha afirmado, defendido y exaltado siempre los valores puertorriqueños. Poetas de la talla de Luis Lloréns Torres (1877–1944) y Luis Palés Matos (1898–1959), y prosistas del calibre de Nemesio Canales (1878–1923), Eugenio María de Hostos (1839–1903), venerado en toda América, Antonio S. Pedreira (1898–1939), al igual que los escritores del presente, han dado fe persistentemente de sus preocupaciones por

---

[27] encrucijada: *crossroads*

las hondas cuestiones que afectan la cultura y el destino de Puerto Rico. El cuento, el ensayo, la novela y el teatro son una rica fuente de información para conocer a fondo la situación de Puerto Rico. [...]
⁵ La búsqueda de la seguridad económica y política por encima de todo ha contribuido a crear la perenne inseguridad en que vivimos, despojándonos del sentido de riesgo que es tan esencial para hacer frente al azar y a las vicisitudes históricas. El quehacer más importante del presente es la definición de nuestro *status*
¹⁰ político, ya que el único camino seguro para perseverar en lo que somos y lo que queremos ser en el futuro es la independencia de Puerto Rico.

(Edited from *Sur*, No. 293, 1965, pp. 113–122.)

PREGUNTAS

1. ¿Cuáles son las dos etapas en que se divide la historia de Puerto Rico?

2. ¿Cuáles son unos problemas relacionados al bilingüismo en Puerto Rico?

3. ¿Qué lengua se habla en la Universidad, en el gobierno, en las tiendas?

4. Al intensificarse el proceso de asimilación a la imagen de los Estados Unidos, ¿qué ha ocurrido en Puerto Rico?

5. ¿De dónde viene el temor a la independencia en muchos puertorriqueños?

6. ¿Qué ha hecho la cuestión cubana?

7. ¿Qué ha sido la prédica constante del Partido Popular Demócrata?

8. ¿Cuáles y cómo son los centros de cultura puertorriqueña en la isla?

9. ¿En dónde se ve la influencia norteamericana en Puerto Rico?

10. ¿Por qué es peculiar la emigración puertorriqueña?

11. ¿Dónde viven la mayoría de los emigrantes puertorriqueños?

12. ¿Qué es la base de la economía puertorriqueña?

13. ¿Cómo viven los norteamericanos residentes en Puerto Rico?

14. ¿Existe una buena prensa en español?

15. ¿Qué es el *status* actual de Puerto Rico?

16. ¿Están bien organizados los independentistas?

17. ¿Cómo ha sido el impacto del comunismo en la zona del Caribe?

18. Según los autores, ¿cuál es el quehacer más importante del presente para los puertorriqueños?

TEMAS DE DISCUSIÓN

1. ¿Cree Ud. que Puerto Rico debe ser un estado, debe ser independiente o debe seguir como es ahora?

2. ¿Cuáles son las semejanzas entre el "chicano" y el puertorriqueño? ¿Cuáles son las diferencias?

3. ¿Son importantes, a su juicio, los llamados programas de estudios puertorriqueños?

4. ¿Cuál, cree Ud., es el mayor problema que encuentra el puertorriqueño que vive en una ciudad grande como Nueva York?

SELF-STUDY WORD TEST

I. SPANISH-ENGLISH. Select the best translation for the following:

1. **envenenar** *(a) to avoid (b) to envelop (c) to poison (d) to ensure*
2. **desatino** *(a) predicament (b) prediction (c) error (d) sanctuary*
3. **socio** *(a) member (b) society (c) group (d) ticket*
4. **intereses creados** *(a) creative interests (b) vested interests (c) lost interest (d) dull*
5. **rescatar** *(a) to ransom (b) to rally (c) to see again (d) to relocate*

6. **menester** *(a) opportunity (b) meaning (c) necessity (d) hope*
7. **prensa** *(a) pressure (b) press (c) pipe (d) sermon*
8. **quehacer** *(a) task (b) reward (c) necessity (d) member*
9. **vocero** *(a) mouthpiece (b) loud (c) outcry (d) lament*
10. **menosprecio** *(a) understanding (b) scorn (c) lack of self-esteem (d) below normal price*

II. SPANISH-SPANISH. Select the best Spanish synonym:

1. **amparar** (a) amar (b) proteger (c) parar (d) añadir
2. **prejuicio** (a) gusto (b) prelado (c) idea preconcebida (d) juicio
3. **ambigüedad** (a) inclinación (b) ventaja (c) incertidumbre (d) ambiente
4. **porvenir** (a) fábrica (b) socio (c) futuro (d) comienzo
5. **otorgar** (a) conceder (b) rechazar (c) continuar (d) poner
6. **dueño** (a) amo (b) niño (c) joven (d) persona
7. **apegarse** (a) quitar (b) favorecer (c) disimular (d) pegar
8. **emanar de** (a) derivar (b) correr hacia (c) librar (d) amparar
9. **no cabe duda** (a) no hay duda (b) duda (c) hay problemas (d) las dudas no caben
10. **acudir** (a) ir (b) admitir (c) poner en tela de juicio (d) cubrir

10

Manuel Pedro González *(1893–) was born in the Canary Islands off the coast of Spain but came to Cuba as a young man and is a naturalized citizen of the United States. He was educated at the University of Havana where he received advanced degrees in both law and literature. After an early career in journalism in Cuba, he became professor of Spanish language and literature at Goucher College in Baltimore, Maryland (1923–24), and subsequently professor of Spanish and Hispanic American literature at the University of California, Los Angeles. Professor González is the author of numerous articles, essays and books on Hispanic literary themes. Among some of his most important studies are* Estudios sobre literaturas hispanoamericanas *(1951),* Notas en torno al modernismo *(1958) and* Trayectoría de la novela en México *(1951).*

The following selection, edited from a long essay "Vietnam y la conciencia moral norteamericana," *which appears in the Mexican journal* Cuadernos Americanos, *is typical of the position taken by certain Spanish-American intellectuals toward the war in Vietnam. What is particularly interesting about this essay, however, is the author's attitude toward the role of China and his overall condemnation of misdirected technology.*

VOCABULARIO

disfrutar	gozar	*to enjoy*
atravesar	pasar, sentir	*to pass through, experience*
padecer	sufrir	*to suffer*
carga (*f*)	obligación (*f*)	*duty, job*
rencor (*m*)	odio (*m*)	*animosity*
atropello (*m*)	abuso (*m*)	*insult, abuse*
en menor escala	en menor grado	*on a lesser scale*
alegar	declarar	*to allege*
poner término a	dar fin a, terminar	*to put an end to*
plebiscito (*m*)	elección (*f*)	*plebiscite, election*
arrasar	destruir	*to raze, destroy*
secuela (*f*)	consecuencia (*f*)	*sequel*
repulsa (*f*)	reprimenda (*f*)	*repulse, rebuke*
prescindir de	no hacer caso de	*to disregard, to dispense with*
cohete (*m*)	proyectil (*m*)	*rocket*
retroceder	volver atrás	*to turn back, fall back*
títere (*m*)	figurilla que se mueve con algún artificio	*puppet*
pregonar	proclamar	*to proclaim*
hegemonia (*f*)	supremacía (*f*)	*supremacy*
portavoz (*ces*) (*m*)	vocero (*m*)	*spokesman*
contienda (*f*)	disputa (*f*)	*dispute*
clamar por	pedir, reclamar	*to call for, clamor for*
escalar	subir	*to escalate*
culpa (*f*)	delito (*m*)	*guilt*
llave (*f*)	clave (*f*)	*key*
entenderse con	ponerse de acuerdo con alguien	*to come to an understanding*
desembocar	ir a parar	*to lead to*
rehuir	evitar	*to avoid*
acallar	calmar	*to calm, to quiet*

Vietnam y la conciencia moral norteamericana
MANUEL PEDRO GONZÁLEZ

Los Estados Unidos atraviesan en estos instantes por la crisis de conciencia más profunda que en el país se ha producido en este siglo. El fenómeno es muy similar al complejo de culpabilidad que aquejó[1] a gran parte de la población entre 1840 y 1860 frente al crimen de la esclavitud. La crisis del sentido moral que hoy padecen millones de ciudadanos tiene dos causas o motivaciones: una doméstica y otra externa. Pero en tanto la interna parece que se resolverá con sentido humano y de justicia, la externa se acentúa y agrava. La causa interna consiste en liquidar definitivamente la esclavitud. Los negros habían sido manumitidos[2] hacía un siglo pero en muchos estados no han alcanzado la igualdad ante la ley ni la justicia en la vida industrial y económica del país. En various estados siguen siendo ciudadanos de segunda clase, carentes de muchos de los derechos y privilegios que los blancos disfrutan, pero sometidos a las mismas cargas, obligaciones y deberes de éstos. Esta tremenda iniquidad[3] contra la cual habían batallado los elementos liberales y cultos del país durante años, está en proceso de ser erradicada mediante la legislación federal.

La población negra suma ya 22 millones —es la segunda minoría en la nación; la más numerosa es la católica que representa 42 millones—; por consiguiente, el negro se ha convertido en factor electoral importante. Durante los últimos 15 o 20 años, centenares

[1] aquejó: *afflicted*
[2] habían... manumitidos: *had been emancipated*
[3] iniquidad: *injustice*

de miles[4] de negros se han educado, han adquirido conciencia clara de sus derechos y de la condición de inferioridad civil, económica y legal en que vivían, se han movilizado y organizado y luchan con perseverancia y energía para acabar con la ignominiosa
5 discriminación que los vejaba y empobrecía.[5] De entre ellos han surgido líderes de talento y energía como Martin Luther King,[6] y escritores notables como los los novelistas James Baldwin[7] y Ralph Ellison[8] que los han aglutinado[9] y dirigido en esta pugna civil. En la población blanca más culta y progresista han
10 encontrado apoyo decidido, y lo mismo en algunas iglesias protestantes. De ahí que muchos políticos oportunistas hayan parado la oreja y se hayan incorporado a la campaña redentora.[10] Algunos de estos pescadores de río revuelto[11] que durante treinta años habían actuado como diputados o senadores federales sin
15 jamás pronunciar una palabra en defensa de los derechos civiles del negro, hoy defienden su causa. Tardará muchos años todavía antes de que el negro deje de ser víctima del rencor y los prejuicios raciales del blanco en estados como Texas, Mississippi, Louisiana, Alabama, Georgia, Florida, etc., pero la batalla se ganará a plazo
20 más o menos largo —por lo menos en el orden legal.

Hasta en esto se ha mezclado la guerra fría, pues los países comunistas han aprovechado para su propaganda contra los Estados Unidos, los crímenes, asesinatos, incendios y atropellos contra el negro perpetrados por los racistas fanáticos en muchos
25 estados. El gravísimo problema racial viene enturbiando y afeando desde hace años la "autoimagen" que Washington quiere exportar a los países africanos y asiáticos y ello ha compelido a muchos dirigentes políticos antes refractarios[12] a luchar por la

---

[4] centenares de miles: *hundreds of thousands*
[5] que los vejaba y empobrecía: *which harassed and impoverished them*
[6] Martin Luther King *(1929–1968) Black American clergyman, civil rights leader and winner of the Nobel Prize for Peace in 1964*
[7] James Baldwin *(1924–), Black American novelist*
[8] Ralph Ellison *(1914–), Black American novelist*
[9] que los han aglutinado: *who have united them*
[10] hayan parado ... redentora: *have pricked up their ears and joined in the redeeming campaign*
[11] algunos ... río revuelto: *some of these fishermen in the turbulent river (i.e., of politics)*
[12] antes refractarios: *previously unwilling to ...*

abolición de la desigualdad legal. En el orden interno ésta es una de las raras consecuencias positivas y benéficas que la guerra fría ha tenido.

Pero el conflicto moral más hondo y serio que divide a la ciudadanía y ha impulsado a sus mejores elementos a luchar contra su propio gobierno es el provocado por la guerra de Vietnam, y en menor escala por la invasión de Santo Domingo.[13] Mientras la guerra se mantuvo limitada a Vietnam del Sur, la protesta no trascendió de la esfera individual a grupos, iglesias, profesiones, etc., como es el caso en el momento actual. Nunca en este siglo un acto de la política exterior norteamericana había provocado tanta airada repulsa ni había sido motivo de tan intensa alarma para la conciencia moral de gran parte de la población más ilustrada y responsable. La razón —casi huelga decirlo—, es que la de Vietnam es la guerra menos justificada y más cruel que el país ha peleado en los últimos cincuenta años. En todos los demás conflictos bélicos en que Washington se ha visto comprometido, el gobierno alegaba razones más o menos válidas —la protección de sus ciudadanos, la defensa de sus intereses económicos, la discutible Doctrina de Monroe, la "necesidad" de "pacificar" a ciertos países enfrascados[14] en discordias civiles, etc.; pero en el caso de Vietnam no concurren tales circunstancias.

En opinión de los centenares de miles de ciudadanos cultos que al presente censuran y condenan la agresión que la administración del Presidente Johnson[15] ha perpetrado en Vietnam del Norte, este peligrosísimo conflicto bélico carece en absoluto de base legal o moral que lo justifique. Vietnam —Norte y Sur—, es un pequeño país situado a unos 10.000 kilómetros de los EE. UU., depauperado por más de 20 años de guerras sangrientas para obtener su independencia —contra el Japón, primero, luego contra Francia y los Estados Unidos que suplían los armamentos que Francia empleó, y por último la guerra civil que el criminal protegido y apadrinado por John Foster Dulles,[16] el multimillonario Joseph

---

[13] la invasión de Santo Domingo: *In April 1965 a civil war broke out in the Dominican Republic and U.S. Marines were sent to Santo Domingo to protect U.S. citizens.*
[14] enfrascados: *involved in*
[15] Lyndon Baines Johnson *(1908–1973), 36th president of U.S. (1963–1968)*
[16] John Foster Dulles *(1888–1959), American lawyer; Secretary of State (1953–59)*

Kennedy,[17] el cardenal Spellman[18] y la Iglesia católica, Ngo Dinh Diem[19] y los foragidos de sus hermanos[20] desataron en Vietnam del Sur entre 1954 y 1963 con sus persecuciones, prisiones, torturas, saqueos y depredaciones. El pillaje, las prisiones y reconcentraciones del campesinado arruinaron al país y enriquecieron a los familiares de Diem —incluyendo al hermano obispo, jefe de la Iglesia católica, protegido por el Vaticano que hoy le brinda seguro refugio.[21] La guerra civil no la iniciaron el Viet Cong ni los elementos nacionalistas que habían luchado heroicamente por la independencia contra Francia y el Japón. La guerra civil la hicieron inevitable Diem y sus hermanos que se sentían armados, apoyados y financiados por los Estados Unidos. Diêm, con el apoyo decidido de John Foster Dulles y la C.I.A.[22] violó el acuerdo internacional de Ginebra[23] de 1954, que puso término a la guerra con Francia y acordó la independencia y la unificación del país mediante un plebiscito supervisado por las Naciones Unidas que debía tener lugar en 1956. La guerra espantosa que hoy arrasa y aniquila al pueblo vietnamita de Norte y Sur es la secuela inevitable del régimen de Diem y de la política imperialista que John Foster Dulles, el Pentágono, la C.I.A. y lo que el ex presidente Dwight Eisenhower[24] denominó el "military-industrial complex" iniciaron en aquella región asiática a partir de 1954.

Dos ángulos de enfoque

El drama de Vietnam se enfoca en los Estados Unidos desde dos puntos de vista opuestos que no logran conciliarse ni entenderse. Un sector de la población, el más culto y enterado, el de conciencia ética más afinada y vigilante, lo ve y lo juzga como un

---
[17] Joseph Kennedy *(1888-1969), American businessman and diplomat*
[18] Francis Joseph Spellman *(1889-1967), American cardinal*
[19] Ngo Dinh Diem *(1901-1963), assassinated South Vietnamese President*
[20] y los foragidos . . . hermanos: *and his wicked brothers*
[21] le brinda . . . refugio: *offers him secure refuge*
[22] C.I.A.: *Central Intelligence Agency*
[23] Ginebra: *Geneva Convention of 1954: International treaty which divided Vietnam into two republics at the 17th parallel*
[24] Dwight David Eisenhower *(1890-1969), 34th president of the U.S. (1953-1961)*

problema moral, como una guerra injusta, ilegítima y violatoria no sólo del derecho internacional, de la carta de las Naciones Unidas y de los acuerdos de Ginebra en 1954 que los Estados Unidos se comprometieron a no obstruir, sino como una aventura despojada de todo fundamento ético.[25] La repulsa de los que condenan esta guerra está dictada por un impulso moral y justiciero, altruista y generoso. La guerra de Vietnam es la más desigual y feroz que en este siglo se ha peleado en ninguna parte. Es un conflicto bélico civil en el que los Estados Unidos han intervenido a favor de uno de los contendientes sin declarar la guerra al enemigo, lo cual les permite prescindir de los principios de derecho internacional que rigen la guerra entre naciones. La de Vietnam podría definirse como la guerra de la máquina, la ciencia y la técnica contra el hombre. De un lado están las grandes flotas aéreas y navales con centenares de bombarderos ligeros, medianos y pesados, los productos químicos, los gases, los lanzallamas, las bombas poderosísimas, centenares de helicópteros, cohetes, el horrendo napalm, abundante artillería y un ejército combinado que es unas ocho o diez veces más numeroso que el de los patriotas del Viet Cong. Los guerrilleros vietnamitas, en cambio, no cuentan con un solo aeroplano, ni con un helicóptero, ni con napalm, ni lanzallamas, ni cohetes; pero tienen de su parte la selva que los oculta y protege, una larga experiencia de lucha, el fervor patriótico, y sobre todo la heroica decisión de pelear por su causa hasta morir. [...]

He aquí otro testimonio escrito en Vietnam por Anthony Carthew, corresponsal de *The London Sun*, en el que describe el horror que es el napalm (inventado por los científicos de la Universidad de Harvard durante la primera guerra mundial). En forma "perfeccionada", es decir, cien veces más mortífero y cruel, lo han prodigado los aviadores norteamericanos y sudvietnamitas en grandes cantidades, lo mismo en el Norte que en el Sur del país, y de él han sido víctimas miles de guerrilleros, ancianos, mujeres y niños campesinos. (En un cable desde Saigón recientemente publicado decía el periodista que después de un ataque masivo con napalm contra las guerrillas del Viet Cong, de cada cinco víctimas

---

[25] sino como ... ético: *but also as a venture which lacks any moral basis*

achicharradas[26] que llegaban al hospital de la región, "cuatro eran mujeres") [...]

Uno lee estas monstruosidades y siente infinito desprecio por la raza humana. Porque lo cierto es que en el momento actual hay centenares de miles de hombres de ciencia en los Estados Unidos, Rusia, Inglaterra, China, Francia y otros países capitalistas y comunistas consagrados a inventar y perfeccionar infernales artefactos bélicos para asesinar a sus semejantes en nombre de ese implacable Moloc[27] que llaman patriotismo. Diríase que la humanidad ha retrocedido a los tiempos de la inquisición en los que el fanatismo religioso sostenía que "el fin justifica los medios". Hoy se predica el fanatismo patriótico y en su nombre se perpetran crímenes de lesa humanidad cien veces más repugnantes que los cometidos por el fanatismo religioso.

Huelga aclarar que tanto el gobierno como los "war hawks" y la gran prensa tienen buen cuidado de no revelar al pueblo estos horripilantes detalles. Lo mismo se ha hecho con la información gráfica que mostraría a los lectores la odiosa inhumanidad de esta guerra y acabarían condenándola. Pero los ciudadanos cultos que contra ella protestan, sí los conocen y abominan porque saben que el pueblo vietnamita en ningún momento había ofendido a los Estados Unidos. No es de extrañar, pues, que el corresponsal de la Associated Press en Saigón durante tres años, Malcolm W. Browne, afirme en su libro *The New Face of War*, recién aparecido, que tanto los títeres que mandan al Sur de Vietnam como el pueblo, detestan a los americanos.

Frente al sector de los que condenan la guerra y piden que se le ponga término se levanta el coro de los superpatriotas y los apóstoles del anticomunismo, los imperialistas mesiáncios[28] que sostienen el derecho —y aun el deber— de los Estados Unidos de salvar al mundo del odiado dogma. Son los que defienden tácitamente la vieja doctrina imperialista de que "might makes right" (la fuerza crea o es fuente del derecho), y quieren que se

---

[26] achicharradas: *burned*
[27] Moloc: *Moloch: a semitic deity worshipped through the sacrifice of children*
[28] imperialistas mesiánicos: *The Messianic imperialists, i.e., those who preach the doctrines of imperialism*

destruya a China ahora, antes de que se convierta en gran poder atómico ella también. Son los nacionalistas desaforados[29] que sueñan con "latinoamericanizar" al mundo y someterlo a la hegemonía de Washington. Son la mayoría y los más vociferantes —dentro y fuera del Congreso, lo mismo que en la prensa. Este sector poderosísimo enfoca el conflicto de Vietnam desde el ángulo rabiosamente nacionalista, y enarbola el emblema del patriotismo, inflama el gallardete del honor nacional y proclama a tambor batiente la necesidad de oponer un valladar a la supuesta expansión china en Vietnam[30] —cueste lo que cueste. Esta beligerancia frenética la patrocinan, en grado variante de exaltación, el Presidente Johnson y su gabinete, los ex presidentes Eisenhower y Truman,[31] los más poderosos líderes republicanos del Congreso y los "war hawks" que en la prensa, la radio y la T.V. pregonan a diario la urgencia de arrasar a Vietnam hasta que se rinda. La lista de los "war hawks" la encabezan los ex candidatos republicanos derrotados, Richard Nixon, Henry Cabot Lodge y Barry Goldwater, cuya columna se reproduce en gran número de diarios. Entre los hierofantes[32] del belicismo figuran los columnistas más reaccionarios: David Laurence y Joseph Alsop, el crítico militar del *N. Y. Times* Hanson W. Baldwin, el científico Edward Teller, etc. etc. Una curiosa anomalía de esta apasionada contienda que ha escindido[33] la opinión pública nacional, es el hecho de que sea el partido de la oposición el que más ardorosamente apoya y hasta impulsa al Presidente. Los dirigentes del partido republicano y sus portavoces más conspicuos en la prensa son los que con mayor algazara patriotera[34] claman por la intensificación de la guerra. Pero como en los Estados Unidos los conflictos internacionales se convierten frecuentemente en motivo de politiquería doméstica, cuando se inicie la campaña

---

[29] son ... desaforados: *they are the Nationalists who infringe on other people's rights*
[30] enarbola el emblema ... Vietnam: *raises the emblem of patriotism, waves the pennant of national honor and proclaims with a beating drum the necessity of putting obstacles in the way of Chinese expansion in Vietnam*
[31] Harry S. Truman *(1884–1972), 33rd president of the U.S. (1945–53)*
[32] hierofantes: *priests, leaders*
[33] ha escindido: *has divided*
[34] algazara patriotera: *patriotic cry*

electoral de 1966, esos mismos republicanos acusarán al partido demócrata de ser el partido de la guerra, y al Presidente Johnson por no haberla concluido triunfalmente. [...]

Escritos ya estos comentarios apareció en el *Saturday Evening Post*, el 17 de julio, un artículo sutilmente admonitorio del famoso historiador británico, titulado "We Must Woo Red China" ("Debemos cortejar a la China roja"). Aunque se trata de un extranjero, las advertencias del filósofo de la historia son tan sagaces, oportunas y coincidentes con los pareceres norteamericanos aquí citados, que este trabajo resultaría incompleto si no las tomáramos en cuenta. Las voces de Bertrand Russell,[35] Arnold Toynbee,[36] el general Charles de Gaulle,[37] Jean-Paul Sartre[38] en favor de la paz, son las más autorizadas y de más universal resonancia que hoy se escuchan. Los que el historiador sugiere coincide exactamente con lo que hace dos semanas habíamos escrito sobre las ventajas del titoísmo[39] en Vietnam. He aquí ahora para concluir algunos de los reproches y pronósticos de Toynbee:

La presente militancia de China es culpa del Oeste...

La conducta de China es truculenta,[40] pero la causa que la dicta es razonable...

La llave para mejorar nuestras relaciones con China consiste en reconocer que los chinos son nuestros iguales. Quiere decir que tienen tanto derecho a elegir el comunismo como nosotros a permanecer burgueses. Quiere decir también que tienen igual derecho a poseer la bomba atómica. Según este principio, una Doctrina de Monroe china en el Este asiático sería legítima si este admite la de los E.U. en las Américas.

Durante el siglo en que China fue humillada, la única

---

[35] Bertrand Russell *(1872-1970), English mathematician and philosopher*
[36] Arnold Toynbee *(1889-), English historian*
[37] Charles de Gaulle *(1890-1970), French general and president of the Fifth Republic (1959-1970)*
[38] Jean Paul Sartre *(1905-), French philosopher, dramatist, novelist*
[39] titoísmo: *support of a communist government similar to that led by President Broz ("Tito") in Yugoslavia which is characterized by some degree of independence from the Soviet Union*
[40] truculenta: *ruthless*

potencia que se abstuvo de abusar de su debilidad fueron los Estados Unidos ..., pero desde 1949, América ha suplantado a las otras potencias y ha ido más lejos aún.

¿Por qué no retorna América a su conducta benevolente tradicional? Patrocinen los E. U. la admisión de China en la N. U. Ayúdenla a desarrollar su comercio exterior. No se impacienten u ofendan por las repulsas de China. Ustedes no podrán conjurar o hacer desaparecer en un día la hostilidad que han fomentado contra ustedes mismos durante años. Sean pacientes y perseveren, y luego agarren la ortiga.[41] Traten de inaugurar francas y constructivas negociaciones sobre las presentes desavenencias territoriales.

La subyugación de la China continental está evidentemente fuera de las posiblilidades aun del poder de los Estados Unidos. Por consiguiente ustedes tienen que entenderse con China. Tanto en Vietnam como en Corea, el interés principal de cada una de las dos potencias consiste en excluir la presencia de la otra en ambos países. Un Vietnam y una Corea unificados y neutrales podría ser la solución. Pero un Vietnam y una Corea unificados casi con todo seguridad serían comunistas, objectarán ustedes. Bien, aunque devinieran regímenes comunistas, sería un comunismo nacionalista, y es casi seguro que el objetivo más importante del nacionalismo coreano y vietnamita es mantenerse independiente de China. Esta fue la esencia de la diplomacia vietnamita y coreana durante 2.000 años antes de que el imperialismo occidental y japonés interviniera. Bajo un régimen tipo Tito ambos países se convertirían en estados neutrales que separarían a las potencias rivales.

Las transcritas son exhortaciones prudentes, sabias y sensatas, pero sonarán como anatemas o herejías en los oídos de los apóstoles del mesianismo norteamericano que ven en una China próspera y poderosa un peligroso rival para la hegemonía de los Estados Unidos en Asia. (Acaso la misma Rusia abrigue serios temores

---

[41] agarren la ortiga: *grab the bull by the horns (literally, grab the nettle)*

también.) El trágico dilema que el mundo confronta se reduce, pues, a esta alternativa: o los Estados Unidos y Rusia se entienden entre sí y ambos con China, y la aceptan y respetan como gran potencia, o la guerra atómica se hará inevitable. La ambición o sueño de un imperio ecuménico —ya sea comunista o capitalista—, es un anacronismo y una quimera sin viabilidad posible hoy.

En el momento de enviar estos comentarios a la imprenta, el conflicto de Vietanam se ha agravado mucho. Saigón está prácticamente aislado del país porque los guerrilleros han cortado las carreteras y ferrocarriles, y los alimentos escasean ya. La economía rural está poco menos que destruida. El Viet Cong ha extendido su dominio a nuevas zonas y el ejército de Vietnam del Sur empieza a dar señales de desmoralización. Frente a esta peligrosa situación, Washington ha reaccionado en la única forma que la dinámica de la política del President Johnson le permitía: escalando la guerra en grado mucho más alto y peligroso que hasta ahora. Tras una semana de consultas, conciliábulos[42] conferencias con todos sus principales consejeros y los líderes del Congreso, el Presidente ha anunciado el envío inmediato de 50.000 soldados más, y el incremento paulatino en el futuro. Todo parece anunciar que la fase más brutal y sangrienta de la tragedia vietnamita comienza ahora. El país ha recibido la noticia sin alarma, pero sin entusiasmo ni fervor patriótico, antes al contrario, con la misma actitud pasiva, desidiosa[43] o indiferente con que la mayoría había contemplado el escalamiento de la guerra hasta ahora. La gente rehuye o evita hablar de Vietnam. Sospecho que tras esta actitud negligente y esquiva se esconde un complejo de culpabilidad, un conflicto de conciencia que los individuos tratan de acallar o evadir. Las masas intuyen la injusticia de esta guerra y optan por dejar que el gobierno asuma la responsabilidad de la misma. Ni siquiera los jóvenes que serán enrollados y tendrán que pelearla y morir en ella se han pronunciado más que en escasa proporción. Esta desidia, apatía o indiferencia de la gran masa frente a un conflicto que podría desembocar en la guerra atómica es un síntoma revelador y peligrosísimo para el futuro de la democracia

---

[42] conciliábulos: *secret meetings*
[43] desidiosa: *negligent*

en los EE. UU. Un pueblo que delega su responsabilidad o se inhibe está ya psicológicamente condicionado para aceptar la dictadura plutocrática y fascista.

(Edited from *Cuadernos Americanos*, No. 5, septiembre-octubre de 1965, pp. 84–114.)

PREGUNTAS

1. ¿Cuáles son las dos causas de la crisis del sentido moral de que padecen millones de americanos?

2. ¿Cuáles son las dos minorías principales en los Estados Unidos?

3. ¿Cuál ha sido una de las raras consecuencias que la guerra fría ha tenido?

4. ¿Quiénes iniciaron la guerra civil en Vietnam?

5. ¿Cuáles son los dos puntos de vista desde los cuales la guerra de Vietnam se enfoca en los Estados Unidos?

6. ¿Cómo podría definirse la guerra en Vietnam?

7. ¿En nombre de qué se perpetran crímenes en Vietnam?

8. ¿A qué están dedicados miles de hombres de ciencia en los Estados Unidos, Rusia, Inglaterra y China?

9. ¿Qué afirma Malcolm W. Browne en su libro, *The New Face of the War*?

10. ¿Cuál es una de las curiosas anomalías de esta guerra?

11. ¿Qué artículo apareció en el *Saturday Evening Post*, el 17 de julio?

12. ¿Quién tiene la culpa de la presente militancia de China?

13. Según Toynbee, ¿cuál es la llave para mejorar nuestras relaciones con China?

14. ¿Cómo serían los regímenes comunistas en Corea y Vietnam?

15. ¿Cuál es el objetivo más importante del nacionalismo coreano y vietnamita?

16. ¿Cuál es el trágico dilema de hoy?

17. En el momento en que el autor envió estos comentarios a la imprenta, ¿cómo era la situación en Vietnam?

18. ¿Por qué no quiere nadie hablar de la guerra en los Estados Unidos?

TEMAS DE DISCUSIÓN

1. ¿Está Ud. de acuerdo con lo que dice el Sr. Pedro González?

2. ¿A pesar del problema obvio de la guerra, hay otro tema filosófico que se hace patente en este ensayo?

3. ¿Cree Ud. que el Sr. Pedro González tiene razón cuando dice que la población norteamericana sufre de "un complejo de culpabilidad"?

4. ¿Cómo, cree Ud., serán nuestras relaciones con China en el futuro?

SELF-STUDY WORD TEST

I. SPANISH-ENGLISH. Select the best translation for the following:

1. **padecer** *(a) to become pale (b) to suffer (c) to surrender (d) to flee*
2. **rencor** *(a) animosity (b) joy (c) rage (d) puppet*
3. **plebiscito** *(a) village (b) pilgrimage (c) pillage (d) election*
4. **cohete** *(a) coherent (b) rocket (c) coyote (d) obligation*
5. **atravesar** *(a) to pass through (b) to attempt (c) to dedicate (d) to obtain*
6. **portavoz** *(a) mouthpiece (b) porter (c) representative (d) record*
7. **entenderse con** *(a) to understand (b) to help (c) to join with (d) to come to an understanding*
8. **desembocar** *(a) to lead to (b) to unite (c) to dismantle (d) to close*
9. **culpa** *(a) culprit (b) guilt (c) factor (d) error of fact*
10. **títere** *(a) lightness (b) puppet (c) tail (d) refusal*

II. SPANISH-SPANISH. Select the best Spanish synonym:

1. **carga**   (a) obligación   (b) coche   (c) paquete   (d) cosa
2. **disfrutar**   (a) pelear   (b) obscurecer   (c) gozar   (d) desplazar
3. **arrasar**   (a) destruir   (b) ayudar   (c) apegar   (d) emanar de
4. **repulsa**   (a) empresa   (b) reprimenda   (c) socio   (d) ventaja
5. **retroceder**   (a) poner en tela de juicio   (b) reclamar   (c) clamar por   (d) volver atrás
6. **pregonar**   (a) rescatar   (b) perdonar   (c) prescindir de   (d) proclamar
7. **llave**   (a) clave   (b) secreto   (c) llama   (d) llano
8. **contienda**   (a) tienda   (b) edificio   (c) disputa   (d) abogado
9. **clamar por**   (a) pedir   (b) llamar a   (c) consagrar a   (d) continuar con
10. **prescindir de**   (a) presenciar   (b) precipitar   (c) no hacer caso de   (d) favorecer

11

Adolfo G. Domínguez *(Mexico) is a Mexican diplomat who has spent a considerable amount of time in the United States, particularly in the Southwest and California. The following selection was edited from his timely essay "El Chicanismo: Su origen y actualidad política" which appeared in the prestigious Mexican journal* Cuadernos Americanos.

The theme of the "Chicano" is one which crops up with increasing frequency in both Mexican and American literary circles. For example, in an essay in the New York Review of Books *("The Chicanos: A Special Supplement," Vol. XIX, No. 3, 12–18) John Womack, Jr. discussed the impact of the Chicano on contemporary American letters. Aside from its literary implications, however, the Chicano movement has had profound socioeconomic ramifications in the United States. Ed Ludwig and James Santibañez summed up the importance of the movement in their very readable* The Chicanos: Mexican-American Voices *(1971): "There are known to be over seven million Mexican Americans in the United States, and some estimates run as high as nine million. La Raza, the Race, is like an awakening giant with seven million faces, each different, ranging from those of Mexican Americans with five generations of residence in the United States behind them to those of former braceros, transported across the Rio Grande for work in American fields as late as 1964, the closing year of the bracero program."*

The selection we have edited from Sr. Domínguez's long essay focuses upon problems which the Chicano is experiencing as the movement gains political power.

VOCABULARIO

enfrentarse	hacer frente a	*to face, confront*
ligero	que pesa poco, ágil	*light*
afán (*m*)	deseo (*m*)	*desire, wish*
en cuanto a	por lo que toca a	*as for, with reference to*
mantener	conservar	*to maintain*
lograr	conseguir	*to get, obtain*
sucursal (*f*)	establecimiento que depende de otro principal	*branch office*
deporte (*m*)	juego (*m*)	*sport*
cosecha (*f*)	frutos que se recogen	*harvest*
en vísperas de	próximo a	*about to*
remontar a	subir hasta el origen	*to go back to, to date from*
llevarse bien con	portarse bien con	*to get along well with*
destacar	sobresalir	*to stand out*
por desgracia	desafortunadamente	*unfortunately*
a raíz de	después de	*right after*
encabezar	dirigir	*to lead, head*
por lo pronto	provisionalmente	*for the present*
similitud (*f*)	semejanza (*f*)	*similarity*
ponerse a	empezar a	*to begin to*
trasplantar	mudar	*to move*
llegar a ser	hacerse	*to become*
despojo (*m*)	botín (*m*)	*booty*
apuntar	señalar	*to point out*
incorporarse	asociarse, unirse	*to join with*

El Chicanismo: su origen y actualidad política

ADOLFO G. DOMÍNGUEZ

Uno de los problemas sociales a que enfrentan en la actualidad la población y el gobierno de los Estados Unidos es el llamado movimiento chicano. Siempre ha existido, pero antiguamente le llamaban el problema mexicano.

5 Empezaré por decir que en los Estados Unidos ni todos los mexicanos de origen mexicano son chicanos, ni todos los chicanos son méxico-norteamericanos.

Como en todo lo que involucra al hombre,[1] trata de obtener una respuesta simplista a la pregunta qué es el Chicanismo, y otras
10 más, por ejemplo: qué es lo que pide el méxico-norteamericano, cuáles son sus metas políticas, sociales, económicas, etc., no es cosa fácil. El problema es sumamente complejo; tanto que ni ellos —los que se autonombran[2] chicanos— sabrían explicarlo con claridad. Sus propios líderes lo hacen de acuerdo con lo que en su
15 concepto muy personal son o debieran ser sus metas.

En la vasta extensión de los Estados Unidos de Norte América, existen no menos de siete millones de gente de origen mexicano. Los núcleos de población se localizan en los estados de Texas, Nuevo México, Arizona y California.

20 El vocablo chicano, que muchos atribuyen a Reies López Tijerina, líder en Nuevo México, pretende unir a todos aquellos que en Texas se llaman a sí mismos latinos; en Nuevo México y Arizona, hispano-americanos; en California, méxico-americanos y en la parte del Medio Oeste Septentrional, con particularidad

---

[1] como ... hombre: *as in all that which involves man*
[2] se autonombran: *call themselves*

Illinois y Michigan, simplemente mexicanos, independientemente de su estatuto personal.[3] Estos últimos, sin embargo, son minoría dentro de la llamada minoría racial mexicana. Como se ve, no ha existido hasta ahora unidad de criterio en cuanto al nombre genérico de tan importante sector de la población norteamericana y mucho menos qué es concretamente lo que reclaman.

Vemos, por ejemplo, que el área de nacimiento influye mucho en su manera de sentir. En Nuevo México, el que por derivación lógica debiera llamarse neomexicano, no se siente que es mexicano como los demás. Está muy orgulloso de su origen peninsular, anterior a la Independencia y a la Guerra de 1847[4] y, por lo tanto, se considera superior en lo racial, cosa que por otra parte es bastante común aun en nuestra República. En otras palabras, él es español, y aunque es cierto que por varias décadas, con posterioridad al 47, Nuevo México se mantuvo aislado de inmigraciones masivas, tanto de anglosajones[5] como del mestizaje mexicano, también lo es que a partir de 1880 su cuestionable pureza hispana se fue diluyendo.[6] Es curioso observar que cuando un club, ya sea de anglos o de neomexicanos, organiza una noche mexicana, aunque las damas saquen a relucir mantones y abanicos dignos de la mejor escenografía de zarzuela española,[7] la comida y la música, sobre todo ésta (mariachis) son estrictamente mexicanas. Como este fenómeno, con ligeras variantes, es general en toda la Unión donde existe población de origen mexicano, debemos concluir con Carey McWilliams que esta actitud ha sido factor para el "cultivo de una dicotomía absurda entre cosas españolas y mexicanas".[8]

En cuanto a los méxico-texanos, el afán de llamarse latinos es tan incongruente, que bastaría con observar la enorme distancia que media entre el antiguo habitante de la planicie de Lacio[9] y el

---

[3] su estatuto personal: *their personal status*
[4] Guerra de 1847: *Brief territorial war between the U.S. and Mexico stemming from the declaration of independence of Texas (1838). The entrance of U.S. troops into Mexico City in 1847 is still a sensitive point with Mexicans.*
[5] anglosajones: *Anglosaxons*
[6] se ... diluyendo: *was becoming diluted*
[7] saquen ... española: *show off their shawls and fans which are worthy of the best stage effects of a Spanish musical comedy*
[8] *Al norte de México (México, Siglo XXI, Ed. 1968)*
[9] planicie de Lacio: *reference to the area where Latin culture originated.*

jugador de 'base-ball', obviamente de ascendencia africana, cuya popularidad va en función de sus proezas con el bat.[10] Los cronistas de deportes llaman latinos cuando son originarios de algún país antillano.[11] Sin embargo, han logrado ya trascender la frontera texana y organizar sucursales de la LULAC, siglas[12] que corresponden a la "League of United Latin American Citizens", en algunas poblaciones del Suroeste. Por una de tantas idiosincrasias de origen anglosajón, adoptada por la fuerza de la costumbre por los méxico-texanos, la palabra ciudadano ("citizen") es interpretada como privativa de los Estados Unidos de Norteamérica; aun fuera de su país, el norteamericano suele decir, cuando cree que el extranjero está tomando ventaja de él, "Yo soy ciudadano y sé cuáles son mis derechos". Y mientras en el caso de los neomexicanos la preocupación ha sido primordialmente racial, en los "lulacs" es el aspecto político el que campea como meta hacia un futuro mejor dentro de la sociedad estadounidense.

Veamos ahora el caso de los méxico-californianos, que a últimas fechas se llaman méxico-americanos. En ellos el problema básico es más económico que político, sin dejar de preocuparles también este último, porque la mayor afluencia[13] de trabajadores del campo está en California, llamada no sin justificación la hortaliza[14] del país. En ese estado el salario ha sido siempre mayor y los costos de vida proporcionalmente más elevados. Siempre fue así, aun en la época del bracerismo, cuando el gobierno de México aceptó un jornal mínimo menor para los trabajadores que iban contratados a Texas, Dls. 1.15 la hora para éstos contra Dls. 1.75 para aquéllos.

Como es de suponerse,[15] por las mismas razones la afluencia de emigración mexicana a California ha sido más numerosa que hacia cualesquiera[16] otros estados de la Unión Americana. Y a más alto nivel de vida, lógicamente corresponde mayor oportunidad para

---

[10] cuya popularidad ... bat: *whose popularity is related to his skill with a bat.*
[11] cuando son originarios ... antillano: *when they come from some country in the Antilles.*
[12] siglas: *initials*
[13] afluencia: *number*
[14] hortaliza: *vegetable bin*
[15] como ... suponerse: *as it is to be expected*
[16] cualesquiera: *variant of "cualquiera"*

educarse, aunque la desproporción continúa siendo la misma. Eso, no obstante, el méxico-californiano ha demostrado mayor militancia en la lucha por derechos civiles y mejoramiento en prestaciones laborales.[17] Dígalo si no César Chavez, líder de los jornaleros del campo, que en 1970, tras de cinco largos años de batallar, logró una gran victoria sobre los cosecheros de uva, y está en vísperas de repetirla con los de lechuga.[18] De paso diremos que Chavez no es un trabajador del campo, como generalmente se cree. Por el contrario, es un hombre muy bien preparado, con educación universitaria y una maestría en Ciencias Sociales de la Universidad de California, y su inglés es muy superior a su español.

Una de las características que de nuestro pueblo poco ilustrado heredaron los méxico-norteamericanos fue la de creerse manifiestamente inferior al extranjero. Quizá por cortesía, o bien por atavismo[19] que se remonta a la Conquista, su tendencia es considerar que lo extranjero, o el extranjero mismo, son mejores. En otras palabras, malinchismo[20] inconsciente. "Si el patrón lo dice ..." Ésta es una de las causas más importantes a la cual podemos atribuir que los méxico-norteamericanos, y aun los mismos mexicanos que tuvieron su mayor éxodo hacia el Norte durante las dos primeras décadas del presente siglo, hayan tolerado siempre en actitud defensiva, el prejuicio racial y económico de que han venido siendo víctimas.

En Texas no siempre fue pacífico o soslayado[21] ese prejuicio. El texano de origen anglosajón siempre ha mencionado al blanco, refiriéndose a las razas, como sinónimo de superioridad. De ahí que en el mejor de los casos, y con la mayor ingenuidad, en el curso de una conversación usen frases como esta: "Nosotros los blancos (no los norteamericanos como se diría en otras partes del país) nos llevamos muy bien con ustedes los mexicanos"; o bien, en tono condescendiente: "Nosotros los blancos tratamos con toda humanidad a nuestros obreros mexicanos". En ambos casos

[17] prestaciones laborales: *contributions to the labor movement*
[18] logró una gran ... los de lechuga: *won a decisive victory over the owners of the vineyards and is close to repeating it with the owners of the lettuce crop*
[19] atavismo: *atavism, a throwback*
[20] malinchismo: *a term derived from the name of Cortés's Indian mistress, "La Malinche," which evokes the idea of treason or betrayal of the Mexican people*
[21] soslayado: *subtle, indirect*

conviene destacar que el término mexicanos es aplicable a "Mexicans", nacidos en México o en los Estados Unidos por generaciones.

Existe, además, en el estado de Texas, cierto odio histórico que
5 tiene su origen en el "Remember the Alamo". En muchos casos no se trata ni siquiera de descendientes de los defensores del fuerte, o de los colonos originales que declararon su independencia de México en 1836. Digo esto con conocimiento de causa por haberlo experimentado en carne propia. El hecho lo consigna brevemente
10 Carey McWilliams (op. cit. p. 326) cuando dice: "Al visitar New Gulf, Texas, para participar en la celebración del 16 de septiembre (de 1943) a Adolfo G. Domínguez, cónsul mexicano en Houston, se le negó servicio en el "Blue Moon Café". Esto es verídico con una ligera aclaración: mi visita a New Gulf no había sido para
15 participar en la celebración del aniversario de nuestra Independencia, sino que en viaje de trabajo aproveché la oportunidad para ver si era cierto que ya no se discriminaba a los mexicanos en el "Blue Moon Café", como se me había dicho semanas por los casi dueños de la población, la New Gulf Sulphur Company. Y se
20 me negó servicio[22] no obstante haberme identificado como cónsul, en unión de dos caballeros estadounidenses, uno de ellos, texano por generaciones y el otro, nacido en México pero naturalizado norteamericano. El incidente tuvo entonces amplia publicidad internacional y fue investigado en persona por el
25 Gobernador del Estado, Coke Stevenson, a raíz de una nota de protesta presentada al Departamento de Estado por instrucciones de nuestra Cancillería.[23] Al informar el Gobernador a Washington que "los hechos son substancialmente como los ha denunciado el cónsul", nuestra Embajada recibió la más amplia satisfacción del
30 Gobierno estadounidense. Por desgracia y para frustración de los mexicanos en Texas, nuestra Cancillería no consideró pudente informar de ello a la prensa, y mucho menos publicar la nota. Ocupaba la cartera[24] de Relaciones Exteriores en aquel entonces el Lic. Ezequiel Padilla. [...]

---

[22] y ... servicio: *and they refused to serve me*
[23] Cancillería: *chancellary, i.e., office of the consulate*
[24] la cartera: *the office*

Un poco más atrás hablábamos del "black power", el "brown power", este último sinónimo del "chicano power". Este poderío relativo está forzando a los industriales a emplear minorías raciales. El gobierno mismo lo ha prohijado[25] y así como los negros están logrando la colocación de su gente en proporción a la población local, sin excluir a los llamados de cuello blanco[26] en oficinas, bancos, etc., los patrones por extensión están reconociendo ya a los chicanos. Conozco a un arquitecto de origen mexicano pero naturalizado estadounidense que se ha aprovechado de esta circunstancia para conseguir contratos no sólo en obras públicas, sino aun en las privadas, y cuando ha encontrado alguna reticencia,[27] él, con toda sutileza suelta la insinuación de que "ya es justo que se nos reconozca a los chicanos".[28] Ni es de tez morena ni tampoco milita entre los chicanos.

A últimas fechas hacia fines de 1970, el actor de origen mexicano y de reciente naturalización estadounidense, Ricardo Montalbán, está encabezando un grupo al que él ha dado en llamar "Nosotros". Obviamente él pertenece al elemento educado que no acepta que se le llame chicano. Está logrando adeptos[29] entre los méxico-norteamericanos que, a su manera, marchan hacia la misma meta que los chicanos. Sin embargo, es muy pronto para empezar a contar triunfos. Por lo pronto se encuentran en la etapa de arbitrarse fondos por medio de funciones teatrales y folklóricas.[30]

Los chicanos han logrado también que en los colegios universitarios de California, a imitación de los negros, se impartan cursos sobre historia de las minorías raciales que representan en "America" (léase Estados Unidos). Pero la similitud bien pronto desaparece cuando se pone uno a reflexionar que la historia del negro en ese país data sólo desde la época en que la venta de esclavos traídos del Africa hacia fines del siglo XVIII era cosa común; mientras que la otra se remonta a la época precolombina. Bien poco se puede decir de la primera, como no sea el continuo

---

[25] lo ... prohijado: *has fostered it*
[26] cuello blanco: *white collar worker*
[27] reticencia: *reticence, unwillingness to cooperate*
[28] "Ya es ... chicanos": *"I think it's only right that we Chicanos be recognized."*
[29] Está ... adeptos: *he is attracting followers*
[30] Por lo pronto ... y folklóricas: *In the meanwhile, they are in the stage of trying to collect the necessary funds through folkloric and theatrical presentations.*

recalcar hasta la monotonía,[31] la explotación de que fueron víctimas desde su llegada. La cosecha de "flores de humanidad" del tipo de George Washington Carver[32] o de Ralph Bunche[33] ha sido sumamente escasa; por lo tanto no hay muchas fuentes de
5 inspiración. El negro fue trasplantado a los Estados Unidos; el mexicano es autóctono. He ahí la gran diferencia. Pero si los chicanos desean empezar su historia "in America" solamente desde la consumación de nuestra independencia o desde la fecha en que una guerra injusta[34] nos hizo perder gran parte de nuestro
10 territorio, tampoco puede decirse que esa historia sea fecunda en hechos o vidas ejemplares. Tendría que empezarse por relatar cómo los colonos[35] de Stephen Austin,[36] a quienes el advenedizo[37] Sam Houston,[38] amigo del president Polk,[39] acabó por convencerlos a que declararan (?) su independencia de México.
15 Habría que mencionarse, por supuesto, al yucateco Lorenzo de Zavala, primer vicepresidente de la república texana y autor de su constitución, ex-ministro de México en París y a quien José Valadés, en su obra "Santa Anna y la Guerra de Texas" ha llamado el gran traidor. Y al coronel Mariano Vallejo en California, que
20 despechado porque nunca llegó a ser nombrado gobernador, usa su influencia en el Congreso de Benicia de 1846 porque se vote por la anexión a Washington, cuando algunos de los congresistas se inclinaban por Francia o Rusia. Por cierto, en los astilleros de la armada de guerra en la población de Vallejo, California, se botó
25 hará unos tres años un submarino de propulsión atómica que fue bautizado con el nombre de "Mariano Vallejo". Fuimos cordialmente invitados a la ceremonia y nuestras autoridades navales cortésmente declinaron. Tendrían que enseñar —vuelvo al tema— la historia de los despojos de tierras que empezaron poco tiempo

---

[31] el continuo ... la monotonía: *continuous repetition until the point of monotony*
[32] G. Washington Carver *(1864–1943), born a slave, became a famous Am. botanist*
[33] Ralph Bunche *(1904–1971), Black Am. political scientist and diplomat*
[34] guerra injusta: *ref. to war of 1847. See note 4.*
[35] colonos: *tenant farmers*
[36] Stephen Austin *(1793–1836), Am. colonizer in Texas*
[37] el advenedizo: *foreigner, upstart*
[38] Sam Houston *(1793–1863), Am. general and President of the Republic of Texas (1836–38; 1841–44)*
[39] James Knox Polk *(1795–1849), 11th President of U.S. (1845–49)*

después de la firma del Tratado de Guadalupe de 1848[40] pasando por la explotación de los mineros que emigraron de Sonora y de quienes los aventureros que llegaron a California durante la fiebre del oro aprendieron tanto. Tampoco omitirían mencionar el hecho que más interesa a los militantes chicanos: la explotación de los trabajadores agrícolas. En suma, parecería sumamente negativo el fomentar odios históricos. Por otra parte, si lo que desean es el estudio de la historia de México desde sus comienzos, todo lo que tienen que hacer es ir a cualquier biblioteca donde no alcanzarán ni siquiera a resumir todo el acervo de las obras escritas en los últimos cien años. Nuevamente debemos apuntar que la manifiesta ignorancia del chicano, triste es decirlo, y la de muchas juntas de educación en los Estados Unidos, contribuyen para confundir más a tan importante sector de su población.

Y a todo esto, ¿cuál es la opinión del angloamericano acerca del chicanismo? Que se olviden de estar haciendo tanto énfasis en su minoría racial dentro de las demás minorías porque lo único que consiguen es aislarse; que si ya espiritualmente están muy lejos de México, si ya no van a vivir en él, y si quieren mejoría en todos los órdenes, que traten de incorporarse a la gran masa de orígenes multinacionales que forma el grueso de la población norteamericana; que no traten de emular el movimiento de los negros porque acabrán por afirmar algo falso: la inferioridad étnica del mestizaje mexicano; que cuando usen el pronombre "nostros", sea para incluir a toda la población norteamericana y que, si hasta ahora no han sido siempre aceptados como ciudadanos y han sido discriminados en los empleos, usen como arma la educación para progresar; que no todos los estadounidenses de habla española materna son de origen mexicano y que por lo tanto, si éstos no logran todavía la unificación de su propio grupo, no pueden aspirar a que los del Caribe y Sudamérica entren a engrosar sus filas. Por último (y en ello estamos de acuerdo), que si el chicano quiere perdurar, que se olvide del término que ha venido usando porque es autodespectivo.

---

[40] Tratado de Guadalupe: *Treaty of Gualdalupe Hidalgo. Signed on March 10, 1848, this accord ended the so-called War of 1847. As a result of the agreement, Mexico had to hand over Texas and the territories which now comprise the states of New Mexico, Arizona and California in exchange for some fifteen million dollars.*

Sea como fuere, lo cierto es que vamos a seguir escuchando la voz de los norteamericanos de origen mexicano por mucho tiempo, cualquiera que sea el nombre que adopten provisional o definitivamente.

Por ahora, debemos concluir que el Chicanismo, como tal, es todavía un movimiento en busca de sí mismo.

(Edited from *Cuadernos Americanos*, No. 2, abril-mayo de 1971, pp. 65–76.)

PREGUNTAS

1. ¿Qué quiere decir chicano?

2. ¿En qué parte de los Estados Unidos se localizan las personas de origen mexicano?

3. ¿Cómo es la persona de habla española en Nuevo México? ¿Cómo se siente y cómo se diferencia de los demás?

4. ¿Cómo son los méxico-texanos y qué grupo han organizado?

5. ¿Cuál es el problema básico de los méxico-californianos?

6. ¿Quién es César Chávez y qué ha hecho?

7. ¿Cuál es una de las características del pueblo méxico-norteamericano?

8. Según el autor, ¿existe prejuicio en Texas contra el llamado chicano? Y si es verdad, ¿hay una explicación histórica?

9. ¿Cuáles son los resultados del llamado "Chicano power" hasta hoy?

10. ¿Cuáles son las diferencias entre la historia del chicano y la del negro?

11. Según el autor, ¿se debe impartir cursos sobre la cultura de los chicanos?

12. ¿Si hay cursos sobre el chicano, el profesor tendría que empezar por relatar qué hechos?

13. ¿Qué debe hacer el chicano si quiere tener éxito?

TEMAS DE DISCUSIÓN

1. ¿Cree Ud. que la universidad debe ofrecer cursos sobre la cultura de los chicanos?

2. ¿Es el problema del chicano únicamente un problema económico?

3. ¿Son similares los problemas de la mujer y los problemas de los chicanos?

4. ¿Cree Ud. que el chicano debe tratar de olvidar su herencia cultural (idioma, costumbres, etc.) al tratar de incorporarse a la población norteamericana?

SELF-STUDY WORD TEST

I. SPANISH-ENGLISH. *Select the best translation for the following:*

1. **enfrentarse** *(a) to affront (b) to join with (c) to avoid contact with (d) to confront*
2. **cosecha** *(a) miner (b) collector (c) boss (d) harvest*
3. **sucursal** *(a) shop (b) branch office (c) superlative (d) sugar cane*
4. **afán** *(a) director (b) owner (c) care (d) desire*
5. **destacar** *(a) to cover up (b) to stand out (c) to dispense (d) to distinguish*
6. **a raíz de** *(a) right after (b) in the depth of (c) next to (d) by the roots*
7. **ponerse a** *(a) to put on (b) to begin to (c) to place (d) to become*
8. **despojo** *(a) disagreement (b) cruelty (c) booty (d) devoid of*
9. **apuntar** *(a) to point out (b) to note (c) to appoint (d) to approve*
10. **incorporarse** *(a) to join with (b) to make legal (c) to incur (d) to dissuade*

II. SPANISH-SPANISH. *Select the best Spanish synonym:*

1. **ligero** (a) pesado (b) ligado (c) ágil (d) intenso
2. **en vísperas de** (a) próximo a (b) lejos de (c) sobre (d) enfrente de
3. **remontar a** (a) montar de nuevo (b) subir hasta el origen (c) rendir (d) dar testimonio a
4. **por desgracia** (a) desafortunadamente (b) felizmente (c) por suerte (d) inconveniente

5. **similitud** (a) sinceridad (b) semejanza (c) actitud (d) el que simula
6. **trasplantar** (a) mudar (b) plantear (c) pasar al otro lado (d) quedarse
7. **llegar a ser** (a) omitir (b) hacerse (c) competir (d) exceder
8. **encabezar** (a) tocar la cabeza (b) dirigir (c) mover (d) quitar
9. **lograr** (a) conseguir (b) encabezar (c) disponer (d) tardar en
10. **deporte** (a) señal (b) raíz (c) juego (d) botín

12

Luis Alberto Sánchez *(Peru, 1900–), well-known critic and literary historian, has written and edited such important literary histories and anthologies as* La literatura peruana *(6 vols., 1951) and* Historia de la literatura americana *(1937). He is also the author of studies of North American and Latin American culture, such as* Un sudamericano en Norteamérica *(1942). Sr. Sánchez has served as Assistant Director of the National Library of Peru; Dean of the Faculty of Philosophy, History and Literature at the University of San Marcos; Rector of this University, and even briefly President of Peru (1945). Like Haya de la Torre, Sánchez's political learnings (in particular his association with the* Partido Aprista Peruano*) have caused him to spend a total of some twenty years in political exile from his homeland. Similar to the article by Ramón Parres, Sánchez's essay is concerned with the problem of political activism and dissent among young people. Whereas Parres looks at society from the point of a detached clinical observer, Sánchez's outlook is that of an involved educator. It might be interesting to compare the attitudes of Sánchez and Ramón Parres in relation to the problem of the dissatisfaction of the young, and in particular to the reasons each of these writers ascribe to origins of the problem.*

VOCABULARIO

alzamiento (m)	levantamiento (m)	*uprising*
motín (m)	revuelta (f)	*revolt*
bono (m)	limosna (f)	*charity voucher*
dar cauce a	expresar	*to express*
sublevarse	rebelarse	*to revolt*
venir en gana	antojarse	*to feel like doing*
vía (m)	camino (m)	*road, way*
encarnar	personificar	*encarnate*
enojo (m)	ira (f)	*anger*
sede (f)	centro (m)	*center, seat*
de toda suerte	en todo caso	*at any rate*
secundar	ayudar	*to help*
brote (m)	pimpollo (m)	*bud*
bandera (f)	insignia (f)	*flag*
alentadora	animadora	*encouraging*
muro (m)	pared (f), tapia (f)	*wall*
empeño (m)	vivo deseo (m)	*insistence*
acabar con	dar fin a	*to finish, destroy*
engaño (m)	falsedad (f), mentira (f)	*deception*
atajar	detener	*to interrupt*

Insurrección juvenil o definición del hombre nuevo
LUIS ALBERTO SÁNCHEZ

Los movimientos estudiantiles de América latina han sido considerados generalmente, como algaradas[1] y motines y como resonancias políticas del comunismo. Recordemos: casi todas las universidades latinoamericanas, en una u otra proporción, autorizan la participación de los alumnos en su gobierno. Cuando los alzamientos estudiantiles se produjeron en los Estados Unidos, los adjetivos pertinentes sufrieron notoria variante. Al tener como escenario París, subieron los bonos de los amotinados.[2] Conviene distinguir y averiguar al respecto.[3]

Es un hecho que la conmoción juvenil tiene caracteres universales. Y es también un hecho que la edad de los alzados va de los doce a los veinticinco años, con las naturales excepciones que en todo problema humano se presentan. Lo anterior indicaría que la insatisfacción empieza a hacerse visible desde la etapa secundaria y disminuye, declina, se modifica o concluye con el término de los estudios profesionales universitarios.

Ahora bien, ¿cuáles son las causas y el giro[4] de los alzamientos juveniles en los diversos países en donde han adquirido caracteres

---

[1] como algaradas: *like suprise attacks*
[2] subieron . . . amotinados: *the charity for the rioters increased (they were treated better)*
[3] Conviene . . . al respecto: *It would be advisable to distinguish between and investigate both respectively.*
[4] giro: *trend*

agudos? ¿Abarcan⁵ siempre solo a estudiantes? Comencemos por este segundo punto.

Los yippies, los hippies, los pacifistas, los rocanroleros,⁶ los "furiosos", los "coléricos", los "rebeldes sin causa", son denomi-
5 naciones debajo de cada una de las cuales se ocultan y se mueven diferentes tipos humanos y diversas insatisfacciones. La manera de darle cauce es también diferente.

Los yippies (Youth International Party) protestan sublevándose contra el orden formal de la sociedad. Se presentan, se conducen y
10 tratan a los demás como les viene en gana, según su humor, su temperamento, su signo del Zodiaco, su conveniencia, su hipocondría, su neurosis, su gana.⁷ Los pacifistas se sublevan contra una sociedad en la que la guerra es todavía una forma de solución, y eligiendo, los casos de Corea, Vietnam, el Congo, Nigeria, reclaman
15 sacar las manos de los conflictos, Esta tendencia se presenta, sobre todo, en los países capaces de meter las manos en los asuntos de otro, la URSS (Checoslovaquia) y Estados Unidos. Filosóficamente, su campeón es Lord Russell,⁸ uno de los más eruditos, sabios y brillantes maníacos del mundo contemporáneo.
20 Los "coléricos" y los "furiosos", así como los "rebeldes sin causa", encarnan el aspecto externo de una insatisfacción que, carente de vías naturales para volcarse,⁹ acude al enojo permanente, a protestas múltiples, al desprecio de todo formulismo,¹⁰ a la ostentación del desdén por las normas, a un pueril rechazo a
25 todo lo que constituye la superestructura social. Cuando estos grupos o modalidades de la rebeldía juvenil se concentran en la universidad resulta de ello como fruto de un motín, acompañado de violencias que a veces llevan al sacrificio de vidas como ha sucedido en México en septiembre de este año.¹¹

---

⁵ abarcan: *do they include*
⁶ rocanroleros: *"rock and rollers"*
⁷ según . . . gana: *according to their mood, their temperament, their zodiac sign, their convenience, their spirits, their neurosis, their whim*
⁸ Lord Russell: *Bertrand Arthur Russell (1872-1970), English mathematician and philosopher*
⁹ carente de vías . . . volcarse: *lacking of natural means to express itself*
¹⁰ desprecio . . . formulismo: *contempt for any kind of formulism (red tape)*
¹¹ México . . . año: *reference to the riots which took place in Mexico city during the fall of 1968 in conjunction with protests related to the Olympic Games*

Es pueril explicar ese vasto cuadro con una sola palabra: comunismo. Es la explicación, una salida policial, por fácil y estimulante a los apetitos represivos; pero no es la respuesta lógica apropiada ni mucho menos exacta. Presentamos para demostrarlo algunos casos.

En Berkeley se iniciaron los motines estudiantiles de 1965. Ya hay una vasta literatura acerca de los "Berkeley's riots". La Universidad de Berkeley es, como se sabe, sólo una rama o "branch" de la inmensa universidad del estado de California, cuyas principales sedes están allí, en Los Ángeles, Santa Bárbara, Santa Mónica, etc. Según la información recogida, en los "riots" de Berkeley y Los Ángeles predominaron los "pacifistas", pronunciados contra la guerra del Vietnam, lo cual podría significar en muchos casos, adhesión implícita al comunismo, cuya línea al respecto se concreta en la expresión de "yanquis, saquen las manos del Vietnam". De todo suerte se trataría de un movimiento "radical", dentro de la acepción que a este término suelen dar los norteamericanos y que casi se confunde con el "filocomunismo".[12] Las demandas de Berkeley tendían y tienden a flexibilizar el régimen administrativo y académico de la institución, oficializando el indispensable diálogo con los estudiantes por medio de la participación de éstos en el gobierno universitario, y la presión efectiva de las universidades para obtener cambios en la política exterior de los EE. UU. (caso del Vietnam) y en el trato interno (caso de los negros).

El fenómeno de la Universidad de París tiene orígenes y desarrollo singulares. Comenzó por una reclamación de neto corte universitario[13] en uno de sus establecimientos. En él se presentaron juntos grupos de profesores jóvenes y estudiantes. El régimen universitario francés responde, como he dicho ya, a una inspiración unitaria y centralista, napoleónica.[14] Descansaba íntegramente en el principio de autoridad, cuanto a lo administrativo, dentro de una plena libertad de cátedra.

Las demandas de La Sorbona de París, surgieron al denegarse los

---

[12] filocomunismo: *literally a "lover of Communism". Perhaps the term "fellow traveler" best captures the meaning of the word.*
[13] neto . . . universitario: *related only to the university*
[14] a una inspiración . . . napoleónica: *with a unitary and centralist, Napoleonic attitude*

del instituto aledaño.[15] Desde luego, asumieron caracteres tumultuarios: correspondiendo a la índole del pueblo francés, claro y lógico en su razonamiento, apasionado y resuelto en sus acciones. Llamó la atención que la poderosa Confederación de Trabajadores de Francia, dominada por los comunistas, se negara a secundar el alzamiento universitario. En seguida se halló una explicación en el profuso flamear[16] de banderas rojo y negro, emblema del anarquismo. Podría decirse que el "bakuninismo" (rama anarquista y terrorista de la Primera Internacional, desgajada[17] del "socialismo científico" de Marx) había renacido en inesperado y vigoroso brote. Este rasgo esencial bastaría para señalar que las barricadas del "Rive Gauche"[18] de París, en abril de 1968, no tuvieron por inspiración ni por objetivo la defensa de los comunistas.

En la Universidad de Columbia de Nueva York, el pronunciamiento estudiantil tuvo un origen racial y fue el fruto de una violenta intervención de alumnos y agitadores negros con motivo de una resolución administrativa del "Board of Trustees" de Columbia, en el sentido de levantar nuevas instalaciones universitarias en un área vecina al conflictivo barrio de "color" de Harlem, área en la cual los niños de la localidad solían distraerse y jugar.

Como en París, alzamiento del cual lo separó sólo una semana, el de Columbia fue violento, pero no cruento.[19] Institucionalmente fue más agresivo que el de París: invadió y saqueó la casa del Rector mas no tuvo los perfiles del "commune" que el francés. Los estudiantes sublevados de Nueva York lograron, en gran parte, sus fines al postergar el "Board of Trustees", y el Rector Kirk la ejecución de sus primitivos proyectos;[20] sirvió para cohesionar a los profesores y reconocerles una alentadora función de apaciguamiento.

---

[15] surgieron ... aledaño: *rose up upon the refusal (denial) of the demands of the neighboring institution*
[16] flamear: *fluttering, waving*
[17] desgajada: *separated from*
[18] Rive Gauche: *Left Bank*
[19] cruento: *bloody*
[20] al postergar ... proyectos: *when the Board of Trustees and President Kirk postponed their original plans*

Precisamente, en el propio Berlín Occidental, en la *Frei Universität* se realizó un movimiento de protesta contra la división actual de Alemania y, pese al tremendo significado antidemocrático del muro que segrega la ciudad, los estudiantes occidentales se pronunciaron por[21] un acercamiento con los del lado oriental, es decir, con los comunistas.

Las huelgas y motines estudiantiles de España entre 1967 y 1968, han subrayado los alcances de los de 1959; sin embargo su orientación es la misma: romper el cerco policial totalitario[22] que le impone el Estado; consgrar el retorno efectivo de la libertad de cátedra; promover la liberalización de la vida política y de la universitaria; renovar los planes de ésta; recuperar la democracia. En este empeño parecería que coinciden estudiantes republicanos, socialistas, regionalistas y comunistas: sería un movimiento plural hacia la democratización española.

En parecidos términos se han pronunciado los estudiantes de Praga, Varsovia y Belgrado, o sea, los estudiantes de dos países satélites de la Unión Soviética y de uno que profesa el "comunismo independiente": Yugoslavia. Querría esto indicar que así como en países de régimen totalitario derechista (España), los jóvenes protestan contra el Estado hegemónico en nombre de la democracia; así también en los países totalitarios socialistas surge análoga (si no idéntica) protesta contra la hegemonía estudiantil y en pro del aireamiento[23] democrático de la universidad y la cultura. Algo semejante es lo que ocurre en la propia Unión Soviética, en donde los escritores jóvenes rechazan ya la odiosa férula[24] de un pensamiento prefabricado.

La extensión de la inconformidad, la protesta y la rebeldía estudiantil adopta en América latina formas heterogéneas, todas ellas investidas de igual o parecida violencia. Podríamos examinar brevemente los recientes casos (1968) de Perú y Chile, de Colombia y Venezuela, de Uruguay y México.

En Perú, donde existe el sistema llamado de "co-gobierno" en las universidades o sea que por dos tercios de profesores haya un

---

[21] se pronunciaron por: *came out in favor of*
[22] romper ... totalitario: *break the political, totalitarian circle*
[23] aireamiento: *literally ventilation, i.e., the entrance of*
[24] odiosa férula: *hateful joke*

tercio de alumnos en los Consejos Directivos, el comunismo, sobre todo en su extrema tendencia pequinesa o china, ha ganado el predominio y a menudo ha impuesto condiciones. La rebelión allí ha tomado una dirección enteramente destructiva: acabar con la sociedad tal cual es[25] y usar a la universidad como un "arma arrojadiza" contra la tal sociedad.

En Chile, donde no existía el co-gobierno y ha triunfado políticamente la Democracia Cristiana, la rebelión estudiantil ha empezado en las universidades católicas para imponer nuevas formas universitarias, y ha proclamado la necesidad del co-gobierno. La derrama social del "reclamo insurreccional" de los estudiantes chilenos tiene un carácter marcadamente institucional. La reacción de la opinión pública en el Perú es orientada hacia la atenuación[26] del co-gobierno, mientras que en Chile es hacia el establecimiento del mismo.

La insurrección estudiantil en Venezuela ha tenido un notorio carácter político, filo-comunista; en Colombia, también tiene cierto carácter político, pero sin los nítidos perfiles[27] que en Venezuela. La de Uruguay muestra un aspecto más vasto y también con evidentes signos filo-comunistas; no así la de México, cuyo carácter principal es de reacción en masa contra el sistema político institucional, contra el Partido o grupo de gobierno, contra el PRI (Partido Revolucionario Institucional). La rebelión estudiantil en México ha sido la más cruenta de todas y ha agrupado en una sola unidad a rector, profesores y alumnos, lo cual le imprime una fisonomía integral, de institución herida, en pugna con el Estado. Ello equivaldría, si se apuran los términos[28] del conflicto, a una Revolución.

De la somera presentación de los casos mencionados, fluye una conclusión inmediata, de alcance probablemente provisional: existe un innegable clima de insatisfacción y protesta en los medios juveniles del mundo. ¿A favor de qué? No está determinado. ¿En contra de qué? Del status imperante. ¿De qué *status*? Del universitario, del político o del social, o de todos a la

---

[25] tal cual es: *just as it is*
[26] atenuación: *the tapering off*
[27] nítidos perfiles: *clear profiles*
[28] si se ... los términos: *if the terms were boiled down*

vez. Me inclino a pensar lo último, o sea que existe coincidencia (no acuerdo) en la actitud negativa, pero no en la positiva. Dentro de tal contexto la "provocación" o la "agitación" profesional, sin duda, tienen ancho y proficuo campo de acción, pero sólo como elementos coadyuvantes. Pensar de otro modo conduciría a un voluntario engaño, y a perder la ocasión y los medios de atajar, rectificar o encauzar la innegable rebelión juvenil de nuestros tiempos.

(From: *La universidad actual y la rebelión juvenil*, Buenos Aires, 1969.)

PREGUNTAS

1. ¿Cómo han sido considerados los movimientos estudiantiles de América Latina, los Estados Unidos y los de Francia?

2. Según Sánchez, ¿son diferentes los Yippies, los hippies, los pacifistas, etc.?

3. ¿Es el comunismo fuente de todo este descontento?

4. ¿Qué hicieron las demandas de Berkeley?

5. ¿Cómo comenzó el fenómeno de la Universidad de París?

6. ¿Cómo era el alzamiento en la Universidad de Columbia, el de Berlín y el de España?

7. ¿Cómo ha sido la protesta en el Perú, en Chile y Venezuela?

8. ¿Por qué es distinto el movimiento estudiantil mexicano?

9. ¿Cuál es la conclusión a que llega Sánchez?

10. ¿Cree Sánchez en el porvenir?

TEMAS DE DISCUSIÓN

1. ¿Cuáles son los problemas más importantes de la juventud de hoy?

2. ¿Cree Ud. que el estudiante debe participar en la administración de la universidad? ¿Por qué?

3. ¿Cree Ud. que todavía existe "un clima de insatisfacción y protesta en los medios juveniles del mundo"?

4. ¿Qué opina Ud. del sistema universitario en el Perú llamado "co-gobierno"?

SELF-STUDY WORD TEST

I. SPANISH-ENGLISH. Select the best translation for the following:

1. **bono** *(a) charity voucher (b) that which is good (c) sound (d) advice*
2. **dar cauce a** *(a) to give cause for (b) to misdirect (c) to lead astray (d) to express*
3. **enojo** *(a) in the eye (b) anger (c) hope (d) deceit*
4. **bandera** *(a) bandage (b) bondage (c) flag (d) patriotism*
5. **brote** *(a) bubble (b) bud (c) explosion (d) beginning*
6. **vía** *(a) road (b) to perceive (c) relate to (d) to realize (a truth, etc.)*
7. **engaño** *(a) deception (b) anger (c) to engrain (d) result*
8. **muro** *(a) mural (b) wall (c) roof (d) obstruction*
9. **acabar con** *(a) to finish with (b) to join with (c) to destroy (d) to affect*
10. **empeño** *(a) insistence (b) reluctance (c) piety (d) hope*

II. SPANISH-SPANISH. Select the best Spanish synonym:

1. **motín** (a) revuelta (b) mitín (c) organización (d) norma
2. **alzamiento** (a) bandera (b) levantamiento (c) tendencia (d) sociedad
3. **secundar** (a) hacer por segunda vez (b) asistir a (c) ayudar (d) terminar
4. **alentadora** (a) deprimente (b) feliz (c) animadora (d) eficaz
5. **atajar** (a) detener (b) correr hacia (c) curar (d) mirar

6. **venir en gana** (a) antojarse (b) negar (c) ganar (d) venir rápido
7. **sublevarse** (a) apoyar (b) suceder (c) rebelarse (d) levantar
8. **encarnar** (a) personificar (b) quitar (c) entregar (d) encomendar
9. **de toda suerte** (a) tener suerte (b) sin embargo (c) en todo caso (d) desde luego
10. **sede** (a) seda (b) centro (c) milagro (d) cesar

II Temas para conversación y lectura

1

Lento veneno

Los habitantes de las ciudades de la nación se están envenenando lentamente al inhalar el aire contaminado por automóviles, incineradores, fábricas, plantas eléctricas, etc.

La amenaza es real y no ha amainado.[1] La Administración de Nixon muestra ahora su preocupación ante la contaminación del aire. Parece que hay algo más que coincidencia en que el Presidente esté en su Casa Blanca de California. California, la cuenca de Los Ángeles[2] para ser más exactos, ha tenido tres alarmas de contaminación de aire en este mes.

Ahora el Sr. Nixon desea estimular la competición entre la industria automovilística, con su motor de gasolina, y los manufactureros de motores no convencionales, de vapor y eléctricos, para producir un vehículo de baja contaminación para la última década de este siglo.

El Dr. Lee A. DuBridge, Asesor Científico del Presidente, dijo que el Gobierno se propone provocar la competición en la producción de un vehículo, de bajo efecto contaminador, mediante el suministro de fondos para el experimento con tipos más avanzados de motores de gasolina y otros de combustión interna con mejores sistemas de reducción de la contaminación y con motores no convencionales de vapor y eléctricos con turbina.

La Administración de Nixon debe ser felicitada por su preocupación con la contaminación del aire. Creemos, sin embargo, que la última década del siglo está muy distante aún y que deben tomarse medidas más inmediatas.

Para empezar, medidas similares a las estatuidas en California deben ser adoptadas uniformemente en toda la nación. Aun con mejores aparatos en los carros nuevos, la lucha contra la

---

[1] no ha amainado: *hasn't subsided*
[2] la cuenca de Los Ángeles: *The Los Angeles basin*

contaminación del aire progresará lentamente porque la mayoría de los autos todavía carecen de control en su sistema de escape.

Quizás si el clamor público cobra suficiente fuerza se motivaría más acción en las industrias y en el gobierno.

El Gobierno de la ciudad de Nueva York anuncia clamorosamente, de tiempo en tiempo, algunas medidas para reducir la contaminación del aire. Éstas, sin embargo, no son más que aspirinas para una enfermedad arraigada.

El aire puede ser purificado de igual manera en que puede controlarse otra contaminación del ambiente. Pero no se tomarán medidas inmediatas y prácticas a menos que el público demande y apoye la acción correctiva.

(From: *El Diario La Prensa*, jueves 28 de agosto de 1969.)

PREGUNTAS

1. ¿De qué se están envenenando los habitantes de las grandes ciudades?

2. ¿Qué ha propuesto el Sr. Presidente Nixon?

3. ¿Qué piensa el autor de este artículo del problema en Nueva York? ¿Está Ud. de acuerdo?

4. ¿Hay problemas de contaminación del aire donde Ud. vive?

2

Estudios puertorriqueños, sí

Como secuela de los desórdenes en los campus, la Universidad de la ciudad[1] y otros colegios e instituciones de enseñanza superior se apresuraron a anunciar programas sobre estudios puertorriqueños y negros.
5 Aunque la comunidad puertorriqueña de Nueva York ha propulsado desde hace tiempo y apoya tales programas, se siente, sin embargo, gravemente preocupada sobre la falta de representación puertorriqueña en su planificación y desarrollo.

Los estudios étnicos se ha concentrado hasta ahora en el
10 norteamericano negro y han sido realizados bajo administradores y eruditos negros. Es, por lo tanto, urgente que los peligros inherentes a la situación actual sean encarados y resueltos ahora antes de que sobrevenga el rigor mortis.

El procedimiento ha sido colocar los estudios bajo un programa
15 de estudios sobre los negros o hispanoamericanos. Esto significa relegar los estudios puertorriqueños a un segundo lugar invalidando o anulando así tales cursos.

Lo que no se ha querido ver —con intención o sin ella— es el hecho de que los puertorriqueños y los negros representan dos
20 grupos étnicos separados y distintos.

Histórica, cultural y fisiológicamente ambos son totalmente distintos en origen y desarrollo. Más aún, los puertorriqueños no han vivido la experiencia del norteamericano negro y no pueden identificarse con ella.

25 Los negros mismos han aceptado esta conveniente agrupación y han tratado de absorber al puertorriqueño siempre que ha sido ventajoso. Esto explica mucha de la fricción evidente en los años recientes entre negros y puertorriqueños no sólo en la comunidad sino en los campus colegiales.

---

[1] Universidad ... ciudad: *the City University of New York*

Similarmente, aunque los puertorriqueños comparten una larga historia y un lenguaje común con otros países de habla española, los puertorriqueños no se identifican con esos grupos. El puertorriqueño piensa en sí como puertorriqueño exclusivamente y quiere que se le identifique como tal.

La combinación de los estudios puertorriqueños y latinoamericanos es un grave error porque el énfasis en tales cursos cae siempre en las repúblicas latinoamericanas mayores. El resultado es una continuación de la clase de indoctrinación negativa que ha producido el trágico conflicto de identidad que tantos puertorriqueños sufren.

En conclusión, apremiamos a las administraciones universitarias que establezcan departamentos de estudios puertorriqueños separados; que tales cursos sean preparados y enseñados por profesionales puertorriqueños, que el currículo se base en las realidades sociales y étnicas de los puertorriqueños como grupo separado.

El puertorriqueño no quiere ser asimilado. Desea mantenerse dentro de su propia tradición cultural y así aportar su contribución a esta sociedad étnicamente pluralista.

Estudios Negro-Puertorriqueños, ¡No! Estudios Puertorriqueños, ¡Sí!

(From: *El Diario La Prensa*, viernes 29 de agosto de 1969.)

PREGUNTAS

1. ¿En qué han sido concentrados hasta ahora los programas étnicos?

2. ¿Qué quiere el puertorriqueño? ¿Por qué?

3. ¿Hay semejanzas entre este ensayo y el ensayo del Sr. Adolfo Domínguez sobre el chicano?

4. ¿Cree Ud. que los estudios étnicos son importantes?

3
Narcóticos en las escuelas

El uso de narcóticos se ha convertido en un grave problema en nuestras escuelas. Las estadísticas nacionales sobre el uso de narcóticos demuestran un 121% de aumento en el grupo de los menores de 15 años, y un incremento de 104% en los menores de
5 18.

El creciente aumento en el uso de drogas heroicas[1] en la nación es un factor que contribuye al aumento en el índice criminal de los Estados Unidos. Todos sabemos que aquí en Nueva York tenemos el promedio más elevado de adictos y estamos al tope o cerca de
10 él, en la lista de lo criminal.

Medidas punitivas solamente no solucionan el problema. Debemos hacerle frente a la crisis en las escuelas. Mucho dependerá de la forma en que eduquemos a nuestros niños mostrándoles lo pernicioso del uso de narcóticos.

15 El alcance del problema de los estupefacientes en los Estados Unidos en la actualidad demuestra que no estamos resolviendo el problema. La narcomanía[2] es cada día más grave y deben emplearse otras formas para hacerle frente.

Aquí en Nueva York estamos experimentando con varios
20 métodos para curar a los adictos. Estos métodos se aplican, no obstante, después que una persona se ha convertido en un adicto.

A nuestro modo de ver, además de ayudar al adicto, debemos hacer todo lo posible para prevenir la afición. Para esto necesitamos un intenso programa de educación sobre las drogas en todos
25 los niveles de nuestra sociedad, especialmente dentro del sistema de enseñanza secundaria.

[1] drogas heroicas: *addictive drugs*
[2] narcomanía: *drug addiction*

Toda nuestra nación debe preocuparse por el hecho de que la nueva generación se está convirtiendo en una "generación de adictos". La edad de los que usan narcóticos ha bajado al nivel de escuela elemental.

Aunque tomó como diez años para que el uso de los narcóticos se extendiera hasta los estudiantes de colegio, ha tomado solamente dos años para llegar a los alumnos de escuela superior.

En nuestro modo de vida americana es creencia fundamental que la información en vez de la represión es la mejor avenida a seguir. Por esta razón creemos que debe hacerse un esfuerzo concentrado para informar a nuestra juventud sobre los narcóticos.

Tomando todo esto en consideración es que nos ponemos de parte del Senador Federal Joseph M. Montoya, Demócrata de Nuevo México, quien urgió a los directores de escuelas, educadores, consejeros, oficiales de la ley y otros a que "establezcan un programa en todo el estado sobre prevención del uso de los narcóticos en el sistema de educación secundaria".

El señor Montoya habló en el Seminario contra Abuso de Narcóticos de la Universidad de Nuevo México y sus comentarios eran —aparentemente— sólo para ese estado. No obstante, la idea es tan buena que creemos que debería aplicarse en el nivel nacional.

En nuestra opinión, las autoridades de la Ciduad de Nueva York deberían ponerse en contacto con el señor Montoya que tiene ideas claras y definidas sobre la prevención de la afición a los narcóticos a través de la debida educación en nuestras escuelas.

A menos que se haga algo a lo largo de la líneas sugreridas por el señor Montoya, el envenenamiento de nuestra juventud continuará a paso acelerado.

(From: *El Diario La Prensa*, domingo 31 de agosto de 1969.)

PREGUNTAS

1. ¿Qué se ha convertido en un grave problema en nuestras escuelas?

2. ¿Qué factor contribuye al aumento en el índice criminal?

3. Según el autor, ¿qué se debe hacer además de ayudar al adicto?

4. ¿Qué hizo el Sr. Joseph M. Montoya?

5. ¿Cree Ud. que el plan del Sr. Montoya es bueno? ¿Qué solución sugeriría Ud.?

4

Dramático mensaje a los 3.500 millones de habitantes del mundo

Un peligro sin precedente amenaza a la humanidad

MANUEL CALVO HERNANDO

Dos mil doscientos hombres de ciencia de 23 países dirigieron recientemente un mensaje singular e inusitado[1] a los 3.500 millones de habitantes del planeta, para advertirles de un "peligro sin precedentes" que amenaza a la humanidad.

El "Mensaje de Mentón"—llamado así porque surgió durante una reunión celebrada en aquella ciudad francesa—ha sido enviado a los biólogos y especialistas en problemas del ambiente humano de Europa, África, Asia y América y entregado al Secretario General de las Naciones Unidas, U. Thant. Entre los 2.200 firmantes figuran cuatro Premios Nobel (Salvador Luria, Jacques Monrod, Albert Sxent-Gyoryi y George Wald) y nombres tan ilustres en la ciencia como los de Jean Rostand, Sir Julian Huxley, Thor Heyerdahl, Paul Ehrlich, Margaret Mead, René Dumont, Lord Ritchey-Calder, Shutaro Yamamoto, Gerardo Dudowski, Enrique Beltrán y Mohamed Zki Barakat.

En mensaje apareció en "El Correo" de la Unesco y queremos ofrecer aquí al lector sus aspectos más esenciales.

A pesar de las enormes distancias que nos separan geográficamente —comienzan diciendo los científicos en su dramático

---

[1] inusitado: *unusual, rare*

llamamiento a la humanidad— y de nuestras diferencias de cultura, idioma, actitudes, ideas políticas y religión, hoy nos une a todos un peligro colectivo sin precedentes en la historia y cuya naturaleza y magnitud son tales que no se le puede comparar con
5 ninguno de los que el hombre ha tenido que afrontar hasta ahora.

"Experimentos Insensatos"

Cuatro grandes problemas son los que, según los científicos, se plantean hoy a la humanidad: 1) deterioro del medio humano; 2) disminución de los recursos naturales: 3) población, sobrepoblación humana y hambre; y 4) guerra. Cada uno de ellos,
10 considerado separadamente, plantea ya de por sí, multitud de problemas prácticamente. Pero además, en conjunto, representan "no sólo la probabilidad de un enorme incremento de los sufrimientos humanos en un futuro próximo, sino incluso la posibilidad de que en el planeta quede total o casi extinguida".
15 Veamos separadamente estos problemas. En primer lugar, el deterioro del ambiente humano. La calidad del medio en que vivimos se deteriora a un ritmo sin precedentes. Los residuos industriales y el desecho de materias de todo tipo[2] han afectado desfavorablemente a las aguas dulces y a las de los mares costeros
20 en casi toda la extensión del globo. El agua de las cloacas[3] ya contaminada con los residuos orgánicos que se producen en cantidades demasiado grandes para ser absorbidas por la repetición del ciclo normal de la Naturaleza.

Las ciudades están cubiertas de nubes de esmog y de productos
25 contaminantes que, transportados por el aire, destruyen los árboles a centenares de kilómetros de su punto de origen. Y más alarmantes son aún—señalan los científicos reunidos en Mentón— los experimentos "insensatos" que se están realizando en nuevas tecnologías (transportes supersónicos y energía atómica) y que no
30 tienen en cuenta los efectos a largo plazo sobre el medio ambiental.

[2] los residuos . . . de todo tipo: *industrial wastes and the destruction of materials of all kinds*
[3] las cloacas: *the sewers*

Los Recursos Naturales

El segundo de los problemas sobre los que el grupo de científicos de Mentón llama la atención de la humanidad es el que se refiere a la disminución de los recursos naturales. A pesar de que la Tierra y sus recursos son limitados y parcialmente agotables, la sociedad industrial malgasta una buena parte de sus riquezas no renovables y explota mal las que es posible renovar.

Empiezan ya a faltar ciertos productos cuya importancia es capital para una sociedad altamente tecnificada, y es sabido que se preparan planes para explotar el fondo de los mares. Pero estos esfuerzos no sólo exigirán gastos considerables sino que además sólo deberían emprenderse una vez realizados estudios minuciosos sobre los posibles efectos en la fauna y la flora submarinas. Lo mismo podría decirse en cuanto a las tierras cultivables, los bosques, etc.

El Hambre y la Guerra

El tercer problema está constituido por tres palabras: población, sobrepoblación y hambre. Se cree que en el año 2000 seremos 6.500 millones los habitantes de la Tierra. Algunos científicos piensan que los recursos naturales y la tecnología van a desarrollarse de modo que incluso una población superior a la prevista pueda alimentarse, vestirse y alojarse. Pero el hecho actual e inmediato es que las dos terceras partes del mundo padecen desnutrición[4] y que, no obstante los progresos en este campo, la amenaza del hambre en gran escala se cierne sobre nosotros.

Por otra parte, el hombre tiene necesidad de espacio y de un cierto grado de soledad, y aun en el caso de que la tecnología pudiera producir alimentos sintéticos para todos, la sobrepoblación tendría consecuencias sociales y ecológicas desastrosas, a juicio de los firmantes del documento a que nos estamos refiriendo.

Finalmente, la guerra. Ahora que hemos fabricado el arma absoluta y comprobado sus posibilidades, retrocedemos ante la

---

[4] desnutrición: *malnutrition*

perspectiva de emplearla pero el miedo no nos impide llenar los arsenales de armas nucleares en una cantidad tal que permitiría suprimir siete veces seguidas la vida en la Tierra. Tampoco el temor nos impide realizar tanto en el laboratorio como en los campos de batalla, experimentos "ciegos y atolondrados"[5] con armas biológicas y químicas.

¿Qué Hacer?

¿Qué hacer? Después de esta experiencia de los cuatro gravísimos peligros que amenazan a la humanidad, los científicos solicitan una investigación inmediata y en gran escala sobre todos ellos, y como medidas prácticas, sugieren la siguientes:

1—Aplazamiento de las innovaciones tecnológicas cuyos efectos no podemos prever y que no sean esenciales para el bienestar de la humanidad.

2—Control tecnológico de la contaminación en la producción de [sic] y en la industria.

3—Programa acelerado para frenar el crecimiento demográfico en el mundo.

4—Las naciones deben encontrar la manera de abolir la guerra, reducir su armamento nuclear y destruir sus armas químicas y bacteriológicas.

Concluyamos esta glosa del llamamiento mundial de los 2.200 científicos con la declaración del Secretario General de la ONU, al recibir este importantísimo documento:

"Creo que la humanidad ha comprendido, al fin, que en la Tierra y en torno a ella existe un delicado equilibrio entre los fenómenos físicos y biológicos, que no debemos romper irreflexivamente en nuestra carrera desenfrenada por el camino del desarrollo tecnológico. Nuestra preocupación común ante este grave problema general, que entraña en sí la amenaza de extinción de la especie humana, acaso constituya el anhelado vínculo que una todos los hombres".

(From: *El Excélsior*, domingo 2 de enero de 1972.)

[5] "ciegos y atolondrados": **blind and hare-brained**

PREGUNTAS

1. ¿Cuáles son los cuatro grandes problemas que se plantean hoy a la humanidad?

2. ¿Por qué se oponen los científicos a la explotación del fondo de los mares?

3. ¿Cuáles son las medidas prácticas que los científicos sugieren?

4. ¿Añadiría Ud. algo a esta lista de sugerencias?

5. ¿Ha visto Ud. los resultados de la contaminación del aire, del agua, del ambiente?

5

Integración de la nacionalidad norteamericana
AGUSTÍN BASAVE FERNÁNDEZ DEL VALLE

A principios del siglo XX, la mujer norteamericana había sido liberada de las más pesadas innecesarias esclavitudes de su sexo. Máquinas lavadoras, refrigeradores, fregaderos,[1] teléfonos, estufas de gas,[2] aspiradoras eléctricas,[3] abridor de latas; todo ello
5 constituyó a aligerar la carga que soportaban las abnegadas amas de casa. Las primeras feministas norteamericanas fueron solteronas que no tenían que padecer las duras faenas del hogar. Las casadas no podían administrar la casa, con el antiguo equipo, y reclamar a la vez, sus derechos de mujer. En nuestros días, se ha
10 operado una verdadera revolución de los sexos en el vecino país. Mientras que en la puritana Nueva Inglaterra la mujer era contemplada con miedo y temoral pecado —instrumento de Satanás para atraer al hombre a la eterna condenación—, en los Estados Unidos de nuestros días, las mujeres se han transformado,
15 en muchas ocasiones, en conquistadoras, en seductoras, en "don Juanes". Independientes económicamente, más instruidas y con pocos o ningunos frenos morales, proceden a realizar su elección erótica y hacen del amor algo encaminado a su propio placer. La difusión de los medios anticonceptivos favorecen el amor libre.
20 "La novela de la seducción —o sea la trama del hombre que sólo busca placer y evasión y de la mujer que busca una vinculación total y el matrimonio— ha cambiado profundamente. Muy a

---
[1] fregaderos: *dishwashers*
[2] estufas de gas: *gas stoves*
[3] aspiradoras eléctricas: *electric vacuum cleaners*

menudo —observa John L. Brown— es ahora el hombre el que ha sido seducido, como en 'The Man in the Brooks Brothers Shirt', de Mary McCarthy, un relato breve que aparece en el volumen *The Company She Keeps* (1942) ... Don Juan ha cambiado de sexo" (*Diálogos Trasatlánticos* pág. 287). Los documentos sobre la guerra de los sexos abundan en la literatura norteamericana contemporánea. Es "La mortífera hostilidad entre el macho amenazado y la hembra desencadenada, emancipada y ambiciosa".[4]
[...]

La condición sexuada está sufriendo una grave crisis en Estados Unidos. La mujer que debiera ser hospitalaria se ha tornado en muchos casos invasora, agresiva. Quiero recordar el importante e insuplible papel que jugó la mujer en la integración de la nacionalidad norteamericana. En los albores de la nacionalidad, "la mujer era el símbolo precioso y respetado de la cultura y el refinamiento, el vínculo con los más queridos recuerdos de la casa y el país de origen, el símbolo de las más altas cosas de la vida. En su presencia los hombres se comportaban con humildad, observaban la manera en que se conducían y hablaban y se consideraban, en general, toscos y estúpidos frente a la gracia y a la pureza femenina. Como excusándose, manifestaban desear ser dignos de sus esposas y de sus novias. Empezaron a rasurarse con regularidad, a poner la ceniza dentro de los ceniceros, en lugar de esparcirla por el suelo, y abandonaron el bar para frecuentar la iglesia. La instrucción de los niños (y también la de los muchachos) era confiada a una maestra, a menudo joven, y en muchos casos los hombres sentían hacia la propia esposa esa mezcla de respeto, temor y cierto leve resentimiento que en un tiempo sintieron hacia su maestra. (La función pedagógica de la mujer puede observarse en cualquier nivel de la vida norteamericana, desde las historietas de dibujos,[5] como Bringing Up Father y Bondie, hasta la decoración de la casa y el color del automóvil). Mark Twain, después de su matrimonio con la "refinada" Olivia Langdom, humildemente aceptaba las "correcciones" que ella le hacía, tendientes a volver su prosa menos "vulgar" y quitaba "barriga" para poner "abdomen" y sustituía

---

[4] macho ... desencadenada: *the threatened man and the liberated woman*
[5] historietas de dibujos: *comic strips*

"pata" por "pierna", apunta John L. Brown ("Diálogos Trasatlánticos", pág. 248).

Urge, me parece, una toma de conciencia del modo de ser femenino y del papel que la mujer ha desempeñado en la formación de Estados Unidos, para superar esta crisis de la llamada "revolución de los sexos".

(From: *Vida Universitaria*, domingo 21 de mayo de 1972.)

PREGUNTAS

1. ¿Según el autor qué ha sucedido en los EE. UU. recientemente?

2. ¿Cómo son las mujeres modernas en los EE. UU?

3. ¿Qué papel jugó la mujer en la integración de la nacionalidad?

4. ¿Cuál es la solución que propone el autor?

6

Lo que debe preocupar a los EE. UU.: la libertad, no el dinero

WILLIAM V. SHANNON

Washington. —Estados Unidos parece haber tomado el mal camino en sus relaciones con Chile y otros países en vías de desarrollo.

La coalición socialista-comunista que está gobernando Chile[1] en estos momentos, parece decidida a nacionalizar toda la industria minera del cobre, que detentan los norteamericanos,[2] y a pagar poco o nada por ella. Esto es un infortunio para los inversores norteamericanos e indirectamente para los chilenos, pero el Gobierno de Estados Unidos nada puede hacer para compensar esa falta de pago.

Lo que el gobierno puede hacer y posiblemente haga, es utilizar este episodio para exhibir sus reproches ante el Gobierno de Chile y para mostrar a otros países de América y de África lo que no deben hacer con las inversiones norteamericanas. También con el fin de lograr que los votantes se den cuenta de que la administración Nixon es fuerte.

El secretario del Tesoro John Connally es quien, principalmente, ha propuesto que se realice esa política y cuenta con el apoyo de otros miembros del gobierno, pero la Secretaría de Estado duda mucho de la eficacia de esas medidas, teniendo en cuenta la sensibilidad de algunos dirigentes extranjeros.

---

[1] La coalición ... Chile: *The reference here is to the Marxist government of Salvador Allende who was elected president of Chile in 1970.*
[2] que detentan los norteamericanos: *which the Americans retain*

Una política de estira y afloja[3] puede tener éxito con gobiernos como los de China y Rusia. Cada una de las partes, en este caso, puede pensar, fríamente, en sus intereses y hacer todos los cálculos que se requiera al respecto.

Pero en los países subdesarrollados, los gobiernos son, a menudo, débiles e inestables. El pueblo suele sentir un complejo de inferioridad debido a su continuo resentimiento frente al "imperialismo yanqui". Las decisiones están, por lo general, en manos de un demagogo o, a veces, en las de un hombre sensible que se halla preocupado por la forma en que podrían reaccionar los demagogos y el pueblo mismo. En algunas naciones, el poder está a cargo de militares que carecen de experiencia, que no tienen ideas claras de lo que significa la inversión financiera, el equilibrio de la balanza comercial y otros aspectos importantes en estas difíciles materias.

En otras palabras, Estados Unidos no puede negociar en estas naciones, con gente curtida[4] como Chou En-lai o Gromyko. Un intento rudo puede causar, en un país débil, una obstinación histérica, en lugar de conseguir que revoque sus anteriores decisiones. Obsesionados por su prestigio y por el honor nacional, estas naciones pueden actuar en contra de lo que puedan ser sus intereses económicos más racionales, ¿Se puede pensar que Nasser o Sukarno o Nkruma hubieran llegado a decisiones de importancia siguiendo el mismo análisis que se realiza en las esferas de Wall Street o que, inclusive, desarrolla un abogado de Texas?

Sin embargo, nuestros intereses en América Latina son políticos y no económicos. Inclusive si los 12.000 millones de dólares (150.000 millones de pesos) que los norteamericanos tienen invertidos en el continente, se encontraran amenazados —lo que no es el caso— más valdría abandonarlos si ello sirve nuestros intereses políticos. Esa cantidad es, después de todo, una pequeña parte de todo lo que hemos gastado tratando de desarrollar nuestra política en Vietnam.

---

[3] una política ... y afloja: *literally a policy of tightening and loosening i.e., a policy of maneuvering*
[4] gente curtida: *experienced, seasoned people*

Nuestra política en América Latina consiste en tener amigos en todos los lugares donde sea posible. Donde esto no sea posible, el objetivo es mantener correctas relaciones diplomáticas y evitar que se nos tome como el chivo expiatorio[5] ante los descontentos existentes.

El controlar las minas de cobre en Chile es una ardua tarea. Si el petróleo de Texas estuviera en poder de extranjeros, todos los texanos, incluyendo a Connally, tendrían los mismos sentimientos que ahora poseen los chilenos. En cierta forma, el anterior gobierno demócrata cristiano de Chile dio ya algunos pasos al respecto, como fue la "chilenización" de la industria, adquiriendo el 51 por ciento de las acciones[6] de esas minas, pero dejando la dirección de las mismas a las compañías privadas.

Al expropiar ahora el cobre, el actual Gobierno chileno daña los intereses del pueblo, puesto que asusta a otros inversores extranjeros y únicamente la inversión de capital puede lograr que una economía se desarrolle. Si el Gobierno chileno no consigue inversiones extranjeras, tendrá que extraerlas de su propio pueblo. La expropiación hará que descienda el nivel de vida de los chilenos, pero eso ya no será un acto de responsabilidad de Estados Unidos. Los países, como los pueblos, deben permitirse el cometer sus propios errores.

En lugar de estar preocupado acerca de las inversiones norteamericanas en el hemisferio, el gobierno de Washington debería inquietarse por todo aquello que se refiere a la causa de la libertad humana. Si Chile se convierte en una dictadura, ello llegaría a ser una verdadera tragedia. Nada podemos hacer para evitarlo, pero si llega a suceder tendremos que mostrar claramente al pueblo chileno que lo que nos preocupará en tal caso será la pérdida de sus libertades y no de nuestro dinero.

Con este mismo sentido debemos ver los regímenes de la Dominicana y de Guatemala, apoyados por Estados Unidos, que se hallan hundidos en olas de represión para aplastar a sus opositores políticos. Este gangsterismo compromete nuestro buen nombre,

---

[5] chivo expiatorio: *a sacrificial lamb*
[6] acciones: *shares of stock*

pero al respecto, Washington se ha mantenido en silencio. Éstos son los asuntos hemisféricos que deben preocupar a un Presidente y a un pueblo que creen en la libertad.

(From: *El Excélsior*, martes 5 de octubre de 1971.)

PREGUNTAS

1. ¿Qué ha ocurrido en Chile?

2. ¿Qué ha propuesto el secretario del Tesoro John Connally?

3. ¿Qué piensa el Sr. Shannon de la idea del Sr. Connally?

4. ¿Según Shannon, en qué consiste nuestra política en América Latina?

5. ¿Cree Ud. que un país tiene el derecho de nacionalizar una industria extranjera?

7

¿Cómo será en 1980 Latinoamérica?

ALEJANDRO MAGNET

Digo todo esto porque, al releer lo que escribía sobre lo que sería América Latina en nueve años más, me parecía que el cuadro resultaba demasiado sombrío por eliminación de varios factores. En primer lugar un hecho muy sencillo e importante: la píldora.[1] Todos esos millones de habitantes que vendrán a pedir alimento y educación, llenar los tugurios[2] de las ciudades, hacer violentas manifestaciones pidiendo trabajo, se quedarán, tranquilamente, "en la mente de Dios", detenidos por la píldora...

Obviamente, la píldora no podrá detener a los muchachos que en 1980 andarán buscando trabajo. Esos ya son grandecitos. Tampoco, incluso, a los de 1990, que acaban de nacer o están a punto de hacerlo. La adopción de un sistema de planeamiento familiar, aún en la forma más grosera de control de la natalidad, significa todo un proceso cultural lo suficientemente complejo y lento como para que los 600 millones de latinoamericanos del año 2000 puedan considerarse existentes para todos los efectos prácticos. De ahí para adelante se puede planear.

Sí, pero usted no considera, por otro lado, que la economía latinoamericana, a pesar de todo, se va desarrollando. En los últimos años su crecimiento ha sido, en promedio, de un 5 por ciento, lo que es una muy buena tasa[3] aun para un país industrial. Además, gracias al mismo desarrollo será posible aumentar la tasa

---

[1] la píldora: *the birth control pill*
[2] tugurios: *shacks, slums*
[3] tasa: *rate*

¿Cómo será en 1980 Latinoamérica? 167

del ahorro interno para acelerar el crecimiento, y contar con una mayor cooperación internacional, especialmente de Estados Unidos.

A fin de cuentas, mal que mal y aunque haya ahora, cien millones de hombres más que en 1950 la gente vive mejor: el analfabetismo ha disminuido, las chozas más miserables han sido eliminadas, un gran número de campesinos tiene radio y los obreros en las ciudades, hasta televisor. En general, estamos mejor que hace veinte años, de modo que, razonablemente, en diez o veinte años más también estaremos mejor. El problema es que en ese mejoramiento el 5 por ciento anual es en términos absolutos. La explosión demográfica lo reduce a un 2 por ciento *per capita*, lo que sí es bajo, sobre todo si se considera el nivel de que partimos. Con el ritmo actual de crecimiento, allá por el año 2200 tendremos el nivel de vida que los norteamericanos tenían en 1965.

Incluso un gigante como Brazil, con todas las posibilidades, necesitará unos 130 años para llegar a ese nivel. Nosotros[4] si alcanzáramos el ritmo de México, unos 160 años. Pero, además, dentro de las actuales estructuras latinoamericanas, la riqueza y su aumento están muy mal distribuidas, lo que también frena[5] el crecimiento, aparte de que éste, al exagerar los desniveles, aumenta las tensiones sociales. En estas condiciones, la educación de las masas, como la radio y la televisión, es un factor de fermentación social, de aceleración de la toma de conciencia, a menos que sea muy hábilmente utilizado como adormecedor, lo que es harto improbable, pues exigiría un control perfecto y muy bien planeado, toda una manipulación. En todo caso, el efecto de esta política improbable sería relativo.

Los desarrollados cada día ayudan menos

¿Y la cooperación internacional no podría contribuir decisivamente a acelerar el desarrollo latinoamericano? ¿No cree usted que los Estados Unidos tendrán que alarmarse con un curso de los

---
[4] nosotros: *He is referring to Chile.*
[5] frena: **brakes, controls**

acontecimientos en América Latina como el que usted está describiendo?

—Creo que en principio no hay que hacerse muchas ilusiones sobre un aumento de la cooperación internacional, es decir, de la ayuda de los países industriales a los subdesarrollados; y, específicamente, de la de los Estados Unidos a América Latina. El país más rico del mundo está en el séptimo u octavo lugar cuando se hace una lista de los contribuyentes en proporción a sus ingresos. En general, los países avanzados están prestando hoy una ayuda menor que la que daban hace diez o quince años.

En los últimos tres o cuatro, en términos proporcionales a su riqueza, su contribución ha venido disminuyendo. Explique usted como quiera esta insensibilidad, egoísmo o miopía política, pero ése es el hecho, por increíble que parezca. En 1960 los países desarrollados contribuían con el 0,67 por ciento de su ingreso nacional en beneficio de los subdesarrollados; en 1967, con el 0,58 por ciento. De entonces acá, según una estimación general, ha bajado aún más, en términos relativos.

Y relativos tanto a su capacidad de dar como a las necesidades de los subdesarrollados. No me parece que, terminada su desastrosa aventura en Vietnam, los norteamericanos estén dispuestos a aumentar su cooperación con América Latina. Tienen serios problemas internos en cuya solución invertirán el dinero que tengan disponible; tal vez se le abran nuevas perspectivas en Asia si llegan a un arreglo con China. América Latina no les preocupa realmente.

—Entonces, ¿vamos a la revolución en América Latina?

—¡Ah! Ese es un asunto sobre el cual habría que dialogar más largamente. No es tan sencillo como parece.

(From: *El Excélsior*, domingo 15 de agosto de 1971.)

PREGUNTAS

1. ¿Cuál es la importancia de la píldora?

2. ¿Cómo ha sido el crecimiento de la economía latinoamericana en los últimos años?

3. ¿Cuál es el problema de ese mejoramiento económico?

4. ¿Por qué no ayuda los EE. UU. a los países subdesarrollados?

5. ¿Cree Ud. que los EE. UU. debe prestar más ayuda a los países hispanoamericanos o no?

8

Apoyo a la unidad: Chicanos por la igualdad

ENRIQUE SUÁREZ GAONA

El Instituto Cultural de la Universidad Nacional Autónoma de México (U.N.A.M.), inaugurado antier[1] por el Presidente Echeverría en San Antonio, Texas, constituye el primer vínculo formal positivo que institución alguna de este país haya establecido con la comunidad chicana de los Estados Unidos. Hasta antes de este Instituto la acción pública se había limitado a la discusión de los tratados con aquel país sobre la fuerza laboral mexicana, a otorgar el auxilio y la protección de nuestros consulados a aquellos trabajadores con problemas migratorios; y, desde luego, al envío de funcionarios de alta jerarquía a dar "el grito"[2] en el aniversario de nuestra independencia.

Lo paradójico del vínculo recién establecido es que se plantea una vez que los mexicano-norteamericanos han tenido ya una toma de conciencia, se han ubicado en el universo de las minorías étnicas de los Estados Unidos y han adoptado toda una gama de posiciones políticas dentro de las opciones que les ofrece el sistema. Posiciones políticas derivadas de la discriminación y la falta de oportunidades que han sufrido durante tantos años (y siguen sufriendo) así como del despertar de otros grupos sociales en defensa de sus derechos civiles, concretamente el de los negros.

En estas condiciones, es natural que para muchos grupos

---

[1] antier: anteayer
[2] dar "el grito": *It is customary on September 16 of each year (Mexico's independence day) for the President of Mexico to appear on the balcony of the national palace and lead patriotic crowds in a repeating* "Mexicanos, viva México." *a phrase attributed to Father Miguel Hidalgo, a nineteenth-century Mexican priest involved in one of the first independence movements from Spain.*

chicanos sea visto con desconfianza el nuevo acercamiento que se está haciendo de manera institucional. Como se ha evidenciado en el viaje presidencial, aquellos grupos militantes en contra del gobierno de Nixon no pueden ver con simpatía una entrevista entre los jefes de Estado de México y los Estados Unidos: dada su toma de posición en contra de la actitud nixoniana opuesta a las reformas sociales que beneficien a las minorías oprimidas de ese país, cualquier contacto de tan alto nivel no puede ser alabado por los líderes chicanos, so[3] riesgo de tener dificultades con su base.

Por otro lado, existen grupos que no sólo se enfrentan a la política republicana actual sino al estado de cosas prevaleciente en los Estados Unidos. El partido La Raza Unida, constituido en la conferencia de Colorado, en marzo de 1970, sostiene que su lucha es una lucha de liberación nacional, una lucha para cambiar de sistema.

Según los principios que sigue, los de El Plan Espiritual de Aztlán, de 1969, su objetivo es modificar, sacudir el status quo bipartidista prevaleciente y, en unión del movimiento negro y de los obreros, llegar a una transformación social, que hasta ahora se configura vagamente como un tipo de sistema socialista.

Del lado de los grupos chicanos conservadores, tampoco parecen, por el momento, muy buenas las perspectivas de acercamiento institucional. César Chávez, por ejemplo, el gandhiano líder de los trabajadores agrícolas del suroeste norteamericano, más concretamente de California, se encuentra radicalmente opuesto a que se siga permitiendo el ingreso de trabajadores mexicanos a los Estados Unidos. Reconoce las raíces históricas de su movimiento, pero no sostiene que sea necesaria una mayor vinculación con el país de origen de sus miembros.

Y es que el movimiento chicano sufre de la dispersión propia del momento político de efervescencia en que vive: se halla en busca de una serie de denominadores comunes, de una serie de pautas tácticas y estratégicas que en verdad le permitan enfrentarse coherente y organizadamente a la estructura dominante.

Se enfrenta también, por otra parte, a la realidad de que debe coordinar su acción con las organizaciones, más estructuradas, que

---

[3] so: *sobre*

ya existen dentro de otras minorías, concretamente las de los negros y los puertorriqueños. Minorías que, a su vez, tampoco han llegado a formar un frente unido, ya no digamos estableciendo una alianza entre ambas, sino ni siquiera dentro de las filas de sus propios hermanos.

El movimiento chicano no ha sido impulsado solamente por la lucha general en favor de los derechos civiles, existen también una serie de datos económicos que revelan las razones sociales de su crecimiento. Para tomar un lugar representativo, Los Ángeles, se sabe que el ingreso familiar de los chicanos en 1965 era de poco más de 5.000 dólares (62.500 pesos) anuales.

Cifra idéntica a la de 1960, pero que establece, por una parte, la falta de oportunidades de mejora para la comunidad durante esos años, y, por la otra, que el poder de compra en ese mismo período sufrió la devaluación concomitante al crecimiento de la inflación en los Estados Unidos.

Existen otros datos que nos revelan que las medidas usuales para mejorar la situación social de las minorías en Estados Unidos tampoco han tenido, ni podrán tener, por sí solas, demasiado efecto. Los chicanos de Texas, con diez años de educación formal, perciben alrededor de 3.200 dólares (40.000 pesos) anuales; mientras que los "anglos", que tienen el mismo número de años de educación, perciben más de 4.700 dólares (58.750 pesos) anuales. Datos éstos que revelan que la discriminación contra los chicanos necesita de algo más que la política social tradicional. Datos que, a su vez, explican la militancia de muchos grupos, así como su lucha por alcanzar mayor poder, tanto dentro de su comunidad como nacionalmente.

Ésa es a este tipo de condiciones sociales y económicas, a su transformación, a las que se dirige el actual movimiento chicano y no tanto al fortalecimiento de los lazos con su país de origen. Pero, por otra parte, cualquier vínculo institucional que se establezca, toda política que se realice para difundir la cultura mexicana servirá para fortalecer el único denominador general que actualmente une al movimiento: sus comunes raíces históricas.

(From: *El Excélsior*, miércoles 21 de junio de 1972.)

PREGUNTAS

1. ¿Qué es el Instituto Cultural de la Universidad Nacional Autónoma?

2. ¿Qué es lo paradójico del vínculo recién establecido entre méxico y los chicanos?

3. ¿Qué es el "Partido La Raza"? ¿Cuáles son sus metas?

4. ¿Según el autor, ¿cuáles son las razones por el crecimiento del movimiento chicano?

5. ¿Por qué cree Ud. que el movimiento chicano sufre de dispersión? ¿Cree Ud. que es importante este vínculo con México?

9
Sí o no a la violencia

El mundo está enfermo de violencia. Día a día los periódicos, la radio y la televisión nos informan de sucesos que conmueven al mundo porque entran por los ojos como las muestras más típicas—para el hombre medio—de esa violencia: secuestros aéreos[1] a mano armada, asesinatos de rehenes extranjeros[2] como el embajador alemán en Guatemala, acción de guerrillas urbanas como los tupamaros en Uruguay. Es un goteo momentáneo, pero repetido y espectacular, que sirve de primer plano a titulares[3] sobre violentos conflictos de guerra enconados y con años de historia: Vietnam, Oriente Medio.

Pero no es ésta sola la violencia que reina en el mundo. Dondequiera que haya opresión injusta hay realmente violencia. Porque todos estaremos conformes en que junto a la violencia física existe, y a veces mucho más fuerte, la violencia moral.

Vivimos en un mundo transido de terribles injusticias y opresiones. Injusticias en los pueblos subdesarrollados, injusticias en los pueblos desarrollados, injusticias en las relaciones de unos pueblos con otros. Nos hemos acostumbrado a oír que más de la mitad de la población mundial padece hambre, que más del 50 por 100 de la población de América Latino es una población de marginados, que naciones como Hungría y Checoslovaquia son invadidas por otra potencia contra la opción de su libertad, que en Sudáfrica y en Rhodesia los blancos sojuzgan brutalmente a los negros, que los sistemas de contribución sostienen en muchos países una desmedida diferencia de clases.

La burguesía es, desde luego, menos sensible a las injusticias de un sistema cuando ese sistema se viste externamente de un

---
[1] secuestros aéreos: *airline hijackings*
[2] asesinatos . . . extranjeros: *assassinations of foreign hostages*
[3] que sirve . . . titulares: *which is used in front page headlines*

llamando orden público donde puede disfrutar cómodamente de su bienestar. Si dentro de ese sistema los salarios de las clases obreras son insuficientes para su decorosa subsistencia, si un elevado sector de la población carece de viviendas o de higiene, si la censura corta arbitrariamente el derecho de expresión o las leyes no admiten la necesaria defensa del derecho de asociación para las reivindicaciones obreras o para la participación política, pero todo esto ocurre sin algarada, sin cristales rotos por las piedras y sin disparos, muchos creen ciegamente que ya existe orden público y que no se da violencia ni injusticia. Y, sin embargo, todos los ejemplos que acabamos de poner son ejemplos de injusticias y violencias, tanto o más terribles cuanto menos esporádicas y más enraizadas en un sistema social o en un régimen político. De ellas está plagado el mundo. Y por eso el mundo padece, como una inmensa llaga, de la violencia instalada.

Contra esta violencia instalada, que es la violencia básica, la violencia número uno, surge la protesta, también en todo el mundo, de todos aquellos que están oprimidos por ella y que son *la mayoría de los hombres de la tierra*. Esta otra violencia insurgente[4] se organiza por zonas y grupos, nace de los menos dotados, se enfrenta a su aire con las estructuras de poder. Una violencia en realidad más débil y también más desacreditada y escarnecida, más protestada, más perseguida. [...]

Frente a ella surge una tercera violencia, la violencia de la represión. Porque esa violencia insurgente es considerada siempre como un atentado contra el orden público, sea éste verdadero o falso, y como una amenaza para todos los que gobiernan y para todos los que así disfrutan "tranquilamente" de los bienes de la tierra. La represión, unas veces justa y otras injusta, tiene junto a sí el apoyo de los privilegiados y conservadores y aun manipula a veces la inercia de las masas maltratadas que no saben pensar por su cuenta y sí repetir los *slogans* de la propaganda.

Estas tres violencias no llevan camino de detenerse. Como dice Helder Cámara, el famoso obispo brasileño, nos amenazan con una creciente espiral de violencia que no sabemos dónde puede detenerse.

[4] insurgente: *insurgent, rebellious*

Y, sin embargo, ese espiral de violencia tiene un arranque. Suprimiéndolo, se detendrá la espiral. Sólo suprimiendo esa injusticia: la básica, la institucionalizada y la instalada, la injusticia número uno, es posible acabar con la violencia en la tierra. Si las actuales estructuras socio-económicas y socio-políticas por las que se rige el mundo no sólo son incapaces de terminar con esa injusticia, sino que por sí mismas o por circunstancias prácticamente indomeñables, generan y protegen situaciones colectivas gravemente injustas, esas estructuras tienen que cambiar, tienen que transformarse y si es preciso tienen que desaparecer totalmente. Se habla mucho de paz. Se clama: "¡Paz, paz!" Pero ¿dónde está la paz? ¿Tienen paz los hambrientos del mundo? ¿Tienen paz los biafreños[5] vencidos? ¿Tienen paz los palestinos desterrados en campos de concentración? ¿Tienen paz los negros USA? ¿Tienen paz los emigrantes forzosos?

(From: *Razón y Fe*, No. 872–3, sept.–octubre de 1970.)

PREGUNTAS

1. ¿De qué está enfermo el mundo?

2. ¿Cuáles son las "injusticias" en el mundo de hoy?

3. ¿Cuáles son las tres clases de violencia de que habla el autor?

4. ¿Cómo es posible suprimir la injusticia "número uno"?

5. ¿Está Ud. de acuerdo con las ideas del autor? ¿Son sus ideas verdaderas, falsas o exageradas?

---

[5] biafreños: *Biafrans*

10

Lo que falla en las relaciones entre norte y sur: la línea psicológica

FERNANDO DÍEZ DE MEDINA

Allí, al norte, se preguntan: ¿Qué pasa en América Latina? Aquí, al sur, contestamos: ¿Qué ocurre en la América sajona?

El deterioro progresivo de las relaciones entre los Estados Unidos y sus vecinos del sur inquieta a los hombres de Estado. Se
5 piensa que en la década 1961-1970, el hemisferio meridional deberá elegir entre unidad democrática o incrustación totalitaria. Un síntoma revelador: mientras los gobiernos se pronuncian contra Fidel Castro, algunos sectores populares apoyan la Revolución Cubana.

10 En la reunión de San José no se demostró, ciertamente, el entendimiento entre las naciones de las dos Américas.

Estamos en el primer peldaño. Y nadie sabe si el futuro del continente sube o baja por la escalera del destino.

Después de la Segunda Guerra Mundial los pueblos latino-
15 americanos fueron postergados[1] en los beneficios de la paz. La ayuda financiera y técnica de los EE. UU. se volcó en Europa y en el Asia; ahora busca el África. El sistema interamericano se resintió de falta de cohesión y solidaridad. Las dictaduras merecieron trato igual que las democracias. Esa indiferencia del norte engendró
20 resentimiento en el sur. Los altos índices de analfabetismo, las economías subdesarrolladas, los bajos niveles de vida, el desamparo técnico y financiero trabajaron por Lenín y contra Lincoln.

[1] fueron postergados: *were left behind*

¿Se ha comprendido que en 1961 la justicia social y la necesidad económica determinan la libertad política?

Sería equívoco situar la crítica sólo en el plano político y ecónomico. Poder y dinero no lo pueden todo. ¿De dónde proviene la desinteligencia continental?

Nos angustiamos por fortalecer[2] la unidad política y geográfica, hacemos grandes planes financieros, pero nos olvidamos de la forma y del estilo en los que conviven las naciones. La "demencia económica" de que habló Camus[3] ha cegado los ojos para la amistad. La tecnocracia aplastó al espíritu. La reconstrucción de Europa y el dominio de los mercados continentales hizo olvidar a los yanquis que existe una línea psicológica entre Norte y Sur América. Y ésta es la falla fundamental del sistema.

Hablamos lenguas diferentes. No se trata del inglés allá, el español y el portugués acá. Al cabo los idiomas se traducen y proximan. Me refiero al alma de los pueblos, a la moralidad de su conducta, al estilo de sus formas y costumbres.

Existen un decoro del dar, una dignidad del recibir. El poderoso se ha de acercar con delicadeza al débil para no herirle con el espectáculo deslumbrador de su grandeza; y el pequeño se ha de curar de resentimientos y recelos indebidos. Mas hay razón para recordar a los grandes que la fuerza es una responsabilidad permanente. Y prepotencia y cinismo, astucia y deslealtad deben desterrarse, en ambas áreas, si queremos edificar una América libre de miseria y de temores.

¿Ángulos de apreciación para situar el problema?

Que no se nos imponga la idea norteamericana por la propaganda desmedida; que ella sirva también para difundir el sueño sudamericano.

Técnicos y burócratas que bajan del septentrión[4] deben elegirse cuidadosamente, porque son mensajeros de solidaridad. Deben ser corteses, discretos, porque uno solo que se desafora echa a perder el trabajo noble de ciento. Y esto es muy importante para el orgullo sudamericano.

---

[2] nos... fortalecer: *we worry about strengthening*
[3] Camus: *Albert Camus (1913-1960), French novelist, dramatist and philosopher*
[4] septentrión: *literally "North Wind," i.e., the United States*

Se requiere una nueva diplomacia: al norte y al sur deben ir los mejores hombres, no material de relleno.[5] Las culturas nacionales se estudiarán con simpatía, sin prejuicios, porque no se trata de imponer supremacías vitales, sino de aproximar y concertar.

La asistencia técnica suele ser menos urgente que la ayuda económica. En ambas deben intervenir los técnicos de Washington parejamente con los expertos nacionales de cada país, porque los métodos del norte, transportados al sur, deben modificarse y adaptarse a las condiciones determinantes de cada región.

Respecto a viajes y becas. Hay que aliviar la pesantez, la escasa elasticidad de la burocracia yanqui, que esteriliza muchos esfuerzos de aproximación continental.

En esto de ganar amigos y facilitar las cosas en sentido práctico, los comunistas van al galope en Sudamérica. Los yanquis al paso.

La democracia se defenderá no sólo en las ciudades. Hay que llegar al sindicato, a la fábrica, al campo. No basta contar con los gobiernos: son los pueblos los que darán el veredicto final.

La mejor manera de entendernos consistirá en difundir al mismo tiempo, como partes integrantes de una misma realidad, la vida norteamericana y la vida sudamericana.

No se hable de "panamericanismo". palabra desgastada por el uso y la desviación internacional, sino de "interamericanismo", posición más lógica, más justa, más digna para todos.

No se trata, únicamente, de dólares y técnicos. Buena ayuda es la que llega dignamente. Menos turismo oficial, más intercambio de artistas, escritores, profesores, estudiantes, obreros, células vivas de la sociedad americana.

Para fortalecer la línea psicológica manejar la instrumentación sutil que liga a los pueblos: paciencia, tolerancia, concesiones mutuas, trato sagaz.

Primero el hombre del continente y su conducta. Después los problemas de la economía y de la técnica. Porque no hay negocio estable sin moral que lo respalde ni política internacional válida que no se base en la buena fe y en el trato ecuánime.

Veinte naciones quieren sentarse a la mesa con los Estados Unidos en plano de igualdad. Para hablar un mismo lenguaje: la

---

[5] material de relleno: *literally packing materials, i.e., not just anyone to fill the job*

verdad. Para afirmar idéntico destino: libertad política, justicia social. Para alcanzar la unidad democrática y la armonía espiritual, por la pluralidad convergente de sus diferencias particulares.

Para definir el futuro, ésta puede ser la última partida del "poker" continental. Jugar con los ojos bien abiertos.

(From: *Cuadernos Americanos*, No. 4, julio-agosto de 1962.)

PREGUNTAS

1. ¿Qué engendró resentimiento hacia los EE. UU. en Hispanoamérica?

2. ¿Qué debe hacer los EE. UU. para ganar la amistad de los países hispanoamericanos? ¿Qué tipo de diplomacia se requiere?

3. ¿En qué consiste la mejor manera de entenderse los EE. UU. y Hispanoámerica?

4. ¿Cree Ud. que las ideas del autor son razonables y lógicas?

5. ¿Qué es la política actual de los EE. UU. con referencia a Hispanoamérica?

11

Black Is Beautiful

CARMEN ALCALDE

Las bellísimas cartas del revolucionario George Jackson, escritas desde su celda, a lo largo de diez años, son la música de fondo del proceso que se está siguiendo en estos momentos contra la gran negra Angela Davis,[1] acusada de haber sido el cerebro de un complot del cual la matanza de San Rafael no fue más que un episodio. El objetivo final era el de obtener la libertad de los tres "Hermanos de Soledad".

Sí, soy comunista, y les voy a decir por qué ... Sus razones son las mismas que llevan a otros a ser mahometanos, maoístas, cristianos, revulsivistas, de una sociedad que inflinge injusticia y discriminación. Durante su estancia en la cárcel ha estudiado infatigable su propio proceso para defenderse y defender así la causa negra. No se trata de un proceso ordinario. Se trata de un proceso político. Las autoridades de los estados de Nueva York y California han hecho todo lo posible, durante estos dos años, por crear una atmósfera anti Angela Davis. Nixon mismo se presentó en las cámaras de televisión para felicitar públicamente la gran labor realizada por el F.B.I. en la captura de la profesora negra, de la criminal más peligrosa, entre los diez criminales más peligrosos, de esta América desquiciada.[2] Sin embargo, el despliegue[3] de propaganda gubernamental contra Angela Davis no ha podido acallar el gran movimiento americano —y hoy mundial— para la liberación de la líder comunista.

---
[1] Angela Davis: *a black militant scholar, previously dismissed from her position at UCLA for her communist ideologies, was accused of murder and kidnapping charges stemming from a shoot-out in a California court house in San Rafael, Calif. She was acquitted of all charges in June, 1972.*
[2] desquiciada: *unhinged, disordered*
[3] despliegue: *unfurling*

Es difícil predecir el final de este proceso. La opinión mundial está demasiado pendiente de su desarrollo para que una cámara de gas quede impune. De momento, la cínica acusación que utiliza el fiscal[4] —la supuesta complicidad de Angela Davis con Jonathan Jackson en la tentativa de evasión de los tres prisioneros negros que comparecían ante el tribunal de San Rafael, de California, a causa de su "pasión carnal" por George Jackson— cae ante la respuesta política de Angela Davis.

En el dramático y vibrante libro, publicado por un editor muy responsable del país, en *Soledad Brothers*, sentimos la medida exacta de una sensibilidad y una ira negra que arrastra a militar en la revolución contra los blancos: *"Algo malo ha caído sobre nosotros. Hemos crecido tan acostumbrados a ver cómo nos asesinan, que nadie se lo toma en serio. Hemos crecido adormecidos, inmunes al dolor . . . Morimos (todos) demasiado fácilmente . . ."* Son las cartas del *black panther* George Jackson, muerto a tiros por sus guardianes en la cárcel de San Quintín el 21 de agosto de 1971; cartas dirigidas a su familia, a sus amigos, a sus abogados, a Angela, a Fay, a John . . .; cartas, todas ellas, que denuncian las condiciones degradantes de los calabozos californianos y que manifiestan, en su poesía desde el vientre, la grandeza de un pueblo cansado y desesperado, colérico e impaciente desde que en 1619 aquel barco holandés cargaba los primeros esclavos negros con destino a los Estados Unidos de América; desde que Abraham Lincoln declaraba su libertad en 1862; desde el Ku-Klux-Klan; desde el legendario, discriminado, Jim Crow; desde el negro linchado; desde el *ghetto*; desde la larga alienación negra, abusada y legalizada; desde la violencia de aquella muchacha negra que tuvo la osadía de sentarse en un autobús para blancos, llamada Rosa Parks, hasta todos los pacifismos y esperanzas de Luther King y Abernathy; de los movimientos de Malcom X y los Black Panther y el Black Power. Desde el principio de los principios en que su color fue simplemente negro y no blanco, hasta estos 70, 71 y 72 horadados por Attica,[5] por las prisiones estadounidenses

---

[4] fiscal: *the district attorney*
[5] Attica: *a prison in upstate New York which experienced a bloody revolt of its inmates in 1971*

donde "las autoridades de Soledad habían perdido toda noción de humanidad o decencia, permitiendo que los presos (negros) sufran unas condiciones de vida escandalosas, degradantes", según demostraba en 1966 la investigación de un tribunal de California; desde y hasta los tiros por la espalda, los derechos de los carceleros encarnizados, los Hermanos Soledad, Angela [...]

La caza y la furia

La personalidad de Angela Davis ha traspasado, para irritación de muchos dirigentes, las fronteras de la indiferencia política. Su suerte está conectada con la esperanza que tantos hombres tienen puesta en un mundo más justo. Es ya un símbolo, y será difícil no hacerla un mártir si se la condena. George Jackson fue el aviso de la amenaza negra para el mundo fascista. Angela Davis puede ser el desencadenamiento de una violencia incontrolable. No sólo se opone Angela a la discriminación negra, sino también a la *massacre* del Vietnam. Ni las balas de San Quintín ni un juicio parcial podrán disimular la dura verdad del sufrimiento negro. La mayoría silenciosa que ha sido durante siglos el pueblo negro se ha vuelto revolucionaria. Y al revolucionario no le importa morir, porque sabe que su muerte no quedará en el silencio. La caza de los negros se ha transformado en asunto de guerrillas y cada vez será más difícil acabar con los perseguidos. La toma de conciencia[6] en las prisiones, en los *ghettos,* es un hecho y todos sienten su situación no social sino políticamente.

El abogado de Angela Davis —que antes fue el abogado de Martin Luther King—, dramáticamente, declara: *"Todos nosotros sabemos que Angela Davis puede ser asesinada en cualquier momento, en su celda, en un corredor, en el ascensor, en la sala del tribunal o, incluso, una vez liberada..."* Alguien, algún hermano negro, quizá haga suyas en el corazón y en el coraje aquellas palabras que la negra licenciada, discípula predilecta de Marcuse,[7] pronunciaba conmovida cuando conoció la muerte de su

---

[6] la toma de conciencia: *the self examination, soul searching*
[7] Marcuse: *Herbert Marcuse (1898-) German phil. and scholar in political philosophy*

"hermano" Jackson: *"Para mí, la muerte de George Jackson significa la muerte de un camarada y un líder revolucionario, pero también la pérdida de un amor irremplazable ... Con su ejemplo ante mí, mis lágrimas y mi dolor se convierten en furia contra el sistema responsable de su muerte."* 5
Black is beautiful, Angela Davis.

(From: *Cuadernos para el diálogo*, No. 104, mayo de 1972.)

PREGUNTAS

1. ¿De qué fue acusada Angela Davis?

2. Según el autor, ¿por qué se hizo revolucionaria Angela Davis?

3. ¿Cuál, cree Ud., es la importancia de este proceso en la esfera internacional?

4. ¿Cómo está escrito este ensayo? ¿Cree Ud. que el autor ha exagerado las cosas?

12

Subdesarrollo latinoamericano

GUILLERMO MARTÍNEZ MÁRQUEZ

A los numerosos nombres asignados en los últimos tiempos a cosas inexistentes cabe agregar en estos momentos el de América Latina.

¿Qué es eso que a diario denominamos América Latina?

Hasta hace algunos años pudo decirse que era un conjunto de naciones unidas por la geografía y la historia. Ahora sería aventurado tratar de probar la certeza de la definición.

La geografía común apenas ha servido para establecer diferencias, crear antagonismos, fomentar recelos y destruir la amistad natural entre vecinos.

La historia contemporánea es un acontecer de rivalidades económicas, incomprensiones políticas, competencias militares y nacionalismos excluyentes y vigilantes.

Las buenas palabras apenas han valido para subrayar distancias. Cuando se habla de "pluralidad ideológica" se está dando vía libre a la dispersión política: Chile pretende avanzar hacia el mundo comunista, Argentina se mantiene orientada hacia el Viejo Continente, Costa Rica tiene como modelo la social democracia europea, México ententa actualizar su revolución nacionalista, Brasil no olvida a sus aliados históricos y la naciones del Caribe dan la impresión de querer alejarse de la influencia norteamericana.

Un avezado diplomático[1] del sur de nuestro hemisferio observó hace días que el denominado "Bloque Latinoamericano" de la

---
[1] un avezado diplomático: *one experienced diplomat*

"ONU", apenas funcionaba en lo electoral, cuando se trataba de confeccionar una candidatura, pero que rara vez se reunía para examinar otros asuntos.

Mientras las naciones europeas se esfuerzan en salvar sus ancestrales diferencias,[2] con la mente fija en la suma de intereses económicos que dejará a un lado los enconos históricos y avanzará hacia un mejor entendimiento político, las repúblicas americanas cada día hacen nuevos alardes de una "total independencia national" que no tiene salida al progreso ni al bienestar en el mundo que vivimos.

Para mayor desventura, se han abierto las puertas de la OEA a países recientemente separados del dominio británico, que nada tienen de común con la historia, ni las costumbres, ni las tradiciones, ni la religión de las demás repúblicas del sur. Y para demostrar que las palabras han perdido su virtud de reconocer las situaciones que están a la vista, con frecuencia se incluyen a Jamaica, o a Trinidad, en la denominación de naciones latinoamericanas.

El Espectador de Bogotá apuntaba hace días en su editorial que "nuestros regímenes políticos en América Latina no son homogéneos, como se inclinan a creer los europeos que siguen confundiendo a Bogotá con la Paz y a Belén de Pará con Rosario, en el supuesto de que hayan oído mencionar esos nombres".

Los numerosos organismos creados para reunir las aspiraciones latinoamericanas en actividades diversas concluyen siempre en un enfrentamiento con Washington o con Wall Street para demostrar la absoluta independencia de su diplomacia, menudean los ataques al State Department. Quieren que los yankis ayuden, pero se niegan a todo cuanto pueda parecer un entendimiento con Estados Unidos.

Por tan errados caminos, el nacionalismo excluyente se ha convertido en factor contrario a la colaboración interamericana y no tardará en ser insalvable valladar a la reunión de los pueblos afines. Lo que se inició como denominador común "antiyanqui" está derivando aceleradamente en distanciamiento entre la naciones latioamericanas. Si los peligros que acechan al mundo

---

[2] diferencias: *reference here is to the formation of the European Common Market*

democrático se acrecentaran, la frase de moda sería "¡¡Sálvese quien pueda!!

Cuán distintas era la concepción de aquel americanista incomparable, de profética visión, que fue el argentino Juan Bautista
5 Alberdi. Para el gran jurista, "el americanismo consiste en la relación de intereses mutuos, por la cual cada estado de Sud América es, sin perjuicio de su independencia, un elemento esencial del edificio común levantado por la revolución americana, y subordinado a la ley suprema del equilibrio, que preside a su
10 existencia común y solidaria".

La demagogia ambiental ha echado a un lado las doctrinas de Alberdi. Hasta sus compatriotas más esclarecidos lo olvidan cuando de aplicar sus principios a la política americana se trata.

Por eso, en vez de avanzar hacia la unión de intereses afines, se
15 marcha hacia la total dispersión americana.

Tuvo razón el pensador que no hace mucho, al referirse al subdesarrollo de algunas naciones, advirtió que no era propio hablar solamente de subdesarrollo económico. Que la causa de la mayoría de los males y atrasos de muchos países era "el
20 subdesarrollo político de sus dirigentes".

(From: *El Colombiano*, domingo 12 de noviembre de 1972.)

PREGUNTAS

1. ¿Cuál es la palabra que se debe añadir a la lista de cosas inexistentes?

2. ¿Cuál es la orientación política actualmente de Chile, la Argentina, Costa Rica, México y el Brasil?

3. ¿Qué ha dicho recientemente un avezado diplomático?

4. ¿Qué hacen ahora las naciones europeas?

5. ¿Qué deben hacer los latinoamericanos? ¿Cuáles son las semejanzas entre este ensayo y "Cuestión de nombres" de Raúl Haya de la Torre?

III Reference Materials

ANSWER KEY

SELF-STUDY WORD TESTS

El indio

I.	1 c	2 a	3 b	4 c	5 a	6 a	7 d	8 c	9 a	10 a
II.	1 b	2 a	3 b	4 c	5 b	6 a	7 a	8 b	9 a	10 b

El nuevo feminismo . . .

I.	1 c	2 d	3 a	4 a	5 a	6 b	7 b	8 c	9 c	10 a
II.	1 b	2 c	3 a	4 c	5 d	6 a	7 c	8 c	9 b	10 b

Cuestión de nombres

I.	1 b	2 a	3 b	4 a	5 b	6 d	7 d	8 b	9 d	10 a
II.	1 a	2 c	3 b	4 b	5 b	6 c	7 a	8 c	9 b	10 c

Un partido político para jóvenes . . .

I.	1 a	2 c	3 c	4 c	5 a	6 b	7 c	8 c	9 a	10 b
II.	1 b	2 b	3 b	4 d	5 b	6 a	7 a	8 c	9 a	10 d

¿A dónde va América Latina?

I.	1 c	2 a	3 a	4 a	5 b	6 c	7 a	8 c	9 c	10 c
II.	1 a	2 b	3 c	4 b	5 c	6 b	7 d	8 b	9 c	10 a

El concepto del poder negro . . .

I.	1 b	2 c	3 c	4 b	5 a	6 b	7 b	8 b	9 c	10 b
II.	1 a	2 d	3 a	4 d	5 c	6 c	7 b	8 a	9 a	10 a

Visión dinámica del disentir . . .

I.	1 d	2 c	3 d	4 b	5 c	6 b	7 c	8 b	9 c	10 a
II.	1 a	2 a	3 b	4 c	5 d	6 a	7 b	8 a	9 c	10 d

La universidad norteamericana...

I. 1 b   2 c   3 b   4 b   5 a   6 a   7 b   8 c   9 c   10 d
II. 1 a   2 b   3 c   4 a   5 c   6 a   7 c   8 a   9 a   10 a

La situación de Puerto Rico

I. 1 c   2 c   3 a   4 b   5 a   6 c   7 b   8 a   9 a   10 b
II. 1 b   2 c   3 c   4 c   5 a   6 a   7 b   8 a   9 a   10 a

Vietnam y la conciencia moral...

I. 1 b   2 a   3 d   4 b   5 a   6 a   7 d   8 a   9 b   10 b
II. 1 a   2 c   3 a   4 b   5 d   6 d   7 a   8 c   9 a   10 c

El Chicanismo...

I. 1 d   2 d   3 b   4 d   5 b   6 a   7 b   8 c   9 a   10 a
II. 1 c   2 a   3 b   4 a   5 b   6 a   7 b   8 b   9 a   10 c

Insurrección juvenil...

I. 1 a   2 d   3 b   4 c   5 b   6 a   7 a   8 b   9 c   10 a
II. 1 a   2 b   3 c   4 c   5 a   6 a   7 c   8 a   9 c   10 b

VOCABULARY

The vocabulary contains all words which appear in the text with the exception of (a) idiomatic expressions and words explained in the footnotes, (b) articles, numerals and pronouns, (c) easily recognizable cognates and other forms that an average student of intermediate Spanish would be expected to know.

The following abbreviations have been used:

adj	adjective	*m*	masculine
adv	adverb	*pl*	plural
conj	conjunction	*pp*	past participle
f	feminine	*prep*	preposition
inf	infinitive	*pron*	pronoun
interrog	interrogative	*rel*	relative

A

abajo *(adv) down, below*
abandono *(m) abandon; desertion*
abarcar *to embrace, to contain, include*
abatir *to knock down*
abismo *(m) abyss*
abnegado *(adj) self-sacrificing*
abogado *(m) lawyer*
abogar *to advocate*
abolir *to abolish*
aborrecer *to hate*
abridor de latas *can-opener*
abrigar *to shelter; to hold, to foster*
abstenerse *to abstain*
abuela *(f) grandmother*
abundar *to abound*

acabar *to end, finish —* de *(+ inf) to have just; —* con *to put an end to*
acaecer *to happen*
acallar *to calm, to quiet*
acaso *(adv) perhaps;* por si *— just in case*
acechar *to spy; to besiege*
acelerar *to accelerate, to speed up*
acento *(m) accent*
acentuar *to accentuate*
acepción *(f) meaning*
acerca de *about*
acercamiento *(m) approach; rapprochement*
acercarse *to approach*
acertar *to hit upon; to find by chance*
acervo *(m) heap*
aclamar *to acclaim*

aclaración *(f) explanation*
aclarar *to clarify*
acomodo *(m) lodgings*
aconsejable *(adj) advisable*
aconsejar *to advise*
acontecer *to happen; (m) happening, occurrence*
acontecimiento *(m) event*
acordar *to resolve by common consent*
acosar *to pursue*
acrecentar *to increase*
actual *(adj) present*
actualidad *(f) present time*
actualmente *(adv) at present, nowadays*
acudir *to go or come (to the aid)*
acusar *to accuse*
adecuado *(adj) adequate*
adelantar *to advance*
adelante *(adv) forward*
además *(adv) moreover, besides*
adherir *to adhere*
adhesión *(f) adhesion; following; attachment*
admonitorio *(adv) admonishing, warning*
adormecedor *(m) soporific, that which causes sleep*
adormecido *(adj) sleepy*
adquirir *to acquire*
adscrito *(adj) joined to; ascribing to*
adueñarse *to take possession of*
advertencia *(f) warning*
advertir *to warn*
aeroplano *(m) airplane*
afán *(m) desire, wish; eagerness*
afear *to make look ugly; to blemish*
afectar *to affect, influence*
afición *(f) inclination; addiction*
afiliarse *to join a group or society*
afín *(adj) kindred, related*
afinar *to refine*

afirmarse *to maintain firmly; to hold fast*
afligir *to afflict*
afortunado *(adj) fortunate*
afrenta *(f) dishonor*
afrentar *to insult*
afrontar *to face*
afuera *(adv) out, outside*
agarrar *to seize*
agigantado *(adj) giant*
agitación *(f) agitation*
agónico *(adj) agonizing, painful*
agotable *(adj) exhaustible*
agotar *to exhaust*
agradar *to please*
agradecimiento *(m) gratitude*
agravar *to aggravate;* —se *to become worse*
agregar *to add*
agrícolo *(adj) agricultural*
aguantar *to endure*
aguardar *to wait; to wait for*
aguas dulces *(f pl) fresh water*
agudo *(adj) sharp*
ahí *(adv) there;* de — en adelante *from then on*
ahogar *to drown; to choke*
ahondar *to deepen; to penetrate*
ahorrar *to save; to spare*
ahorro *(m) saving*
airar *to anger, to irritate*
aireamiento *(m) ventilation, entrance of*
aislamiento *(m) isolation*
aislar *to isolate;* —se *to isolate oneself*
ajeno *(adj) foreign; another's*
ajustar *to adjust*
ajuste *(m) adjustment*
ala *(f) wing*
alabar *to praise*
alarde *(m) boast; brag*
albor *(m) dawn*
alcance *(m) reach, scope*

alcanzar *to reach*
alegar *to allege*
alegrar *to cheer up; to gladden*
alejado *(adj) removed, separated, estranged*
alejamiento *(m) withdrawal; aloofness*
alejar *to remove; to move away from*
alemán *(adj) German*
Alemania *Germany*
alentador *(adj) encouraging*
alentar *to encourage*
algarada *(f) riot*
algún (o) *(adj) some; any; (pron) someone*
alianza *(f) alliance*
aligerar *to lighten*
alimentar *to feed*
alimento *(m) food*
alistar *to enlist*
aliviar *to alleviate*
alivio *(m) relief*
alma *(f) soul, spirit*
alojar *to lodge*
alrededor *(adv) about, around*
alteración *(f) alteration, change*
altruista *(adj) altruistic*
alumbrar *to light*
alumno *(m) student*
alzado *(m) rioter*
alzamiento *(m) uprising*
alzar *to lift, raise* —se *to rebel*
allá *(adv) there, over there;* por — *around*
ama de casa *(f) housewife*
amargo *(adj) bitter*
amargura *(f) bitterness*
ambiente *(m) environment*
ambigüedad *(f) ambiguity*
ambos *(adj & pron) both*
amenaza *(f) threat*
amenazar *to threaten*
amistad *(f) friendship*

amontonar *to heap*
amparar *to protect*
amparo *(m) protection*
ampliar *to amplify*
amplitud *(f) breadth, extent*
anacronismo *(m) anachronism*
analfabetismo *(m) illiteracy*
analfabeto *(adj & m) illiterate*
análogo *(adj) similar*
anarquía *(f) anarchy*
anarquista *(m) anarchist*
anatema *(f) anathema; curse*
ancho *(adj) broad; wide*
anexionismo *(m) annexation*
angustia *(f) anguish*
anhelado *(adj) desired*
anhelar *to desire*
anhelo *(m) longing*
animar *to animate; inspire*
aniquilar *to annihilate*
anotar *to write down*
ansia *(f) anxiety*
ansiedad *(f) anxiety, worry*
antecedente *(m) antecedent*
antepasado *(m) ancestor*
anterior *(adj) former*
antiguamente *(adv) formerly*
antojarse *to take a notion*
anunciar *to announce*
anuncio *(m) announcement*
añadir *to add*
apaciguamiento *(m) pacification*
apaciguar *to pacify, calm*
apadrinar *to protect; to favor*
apagar *to put out*
aparato *(m) apparatus; system*
aparecer *to appear*
aparejado *(adj) apt; ready*
apariencia *(f) appearance*
apasionado *(adj) impassioned, emotional*
apegarse *to be attached to, fond of*
apego *(m) attachment*

apellido *(m) last name*
apenas *(adv) scarcely, hardly*
apertura *(f) opening*
aplastar *to crush*
aplazamiento *(m) postponement*
apoderar *to empower;* —se de, *to take possession of*
apogeo *(m) highest point*
aportar *to bring; to contribute*
apoyar *to back, to support*
apoyo *(m) support*
aprecio *(m) esteem*
apremiante *(adj) pressing; urgent*
apresurar *to hurry;* —se *to hasten*
aprobación *(f) approval*
aprobar *to approve*
apropiarse *to take possession of*
aprovechamiento *(m) use*
aprovechar *to profit;* —se de *to take advantage*
aproximarse *to get near; approach*
apuntar *to point; to aim, to write down*
aquejar *to afflict*
aquí *(adv) here;* de — que *therefore*
árabe *(adj & m) Arab; Arabic*
arar *to plow*
árbol *(m) tree*
arder *to burn*
arduo *(adj) arduous; difficult*
área *(f) area*
arma *(f) weapon, arms;* — arrojadiza *(f) dart, arrow, missile, weapon*
armada *(f) fleet*
armonía *(f) harmony*
arqueológico *(adj) archaeological*
arquitecto *(m) architect*
arraigar *to take root*
arraigo *(m) rooting, settling*
arrancar *to uproot; to start out*
arranque *(m) starting point*
arrasador *(adj) destructive*
arrasar *to raze; to destroy*

arrebatar *to snatch away*
arreglar *to arrange*
arreglo *(m) settlement; arrangement*
arriba *(adv) above*
arriesgar *to risk*
arruinar *to ruin*
asalariado *(adj) salaried; (m) a wage earner*
asaltar *to assault*
ascenso *(m) ascent, rise*
ascensor *(m) elevator*
asegurar *to assure*
asesinar *to assassinate*
asesor *(m) adviser*
asiático *(adj) Asian*
asignar *to assign*
asignatura *(f) subject, class, assignment*
asimilación *(f) assimilation*
asistencia *(f) help, aid*
asistir *to attend*
asociarse con *to associate with; to join*
asomar *to show, to appear*
asombrar *to amaze*
asombroso *(adj) wonderful, astonishing*
aspereza *(f) harshness*
áspero *(adj) rough*
aspirar *to aspire*
astillero *(m) dockyard*
astucia *(f) cunning; trick*
asunto *(m) matter; affair*
asustar *to frighten*
atajar *to interrupt*
atentado *(m) crime*
atento *(aj) attentive*
atenuación *(f) tapering off; diminution*
atesorar *to treasure; to hold*
atraer *to attract*
atraso *(m) backwardness; delay*
atravesar *to pass through; to experience*

atrevido *(adj) bold*
atribuir *to attribute*
atropello *(m) insult; abuse*
aula *(f) classroom*
aumentar *to increase*
aumento *(m) increase*
ausencia *(f) absence*
autocrático *(adj) autocratical*
autóctono *(adj) indigenous, native*
autodespectivo *(adj) self-effacing*
autonomía *(f) autonomy*
autónomo *(adj) autonomous, independent*
autor, -a *(m & f) author*
auxiliar *to aid; to help*
avalancha *(f) avalanche*
avanzar *to advance*
aventura *(f) adventure*
aventurado *(adj) risky*
avisar *to advise; to warn*
aviso *(m) announcement; warning*
ayuda *(f) help*
ayudante *(m) assistant*
azar *(m) hazard; accident*

B

bachillerato *(m) bachelor's degree*
baile *(m) dance*
bajo *(adv) beneath, below; (adj) small, short*
bala *(f) bullet*
baladí *(adj) trivial*
balance *(m) balance, weighing*
balanza *(f) balance*
banco *(m) bank*
bandera *(f) flag*
bando *(m) band, faction, party*
bañadera *(f) shower, bathtub*
bañar *to bathe*
baño *(m) bathroom*
barato *(adj) cheap*
barbarie *(f) barbarity*

barco *(m) boat, ship*
barrera *(f) barrier, barricade*
barriada *(f) city ward; district*
barricada *(f) barricade*
barriga *(f) belly*
barrio *(m) district, neighborhood*
base *(f) base*
bastar *to suffice*
batalla *(f) battle*
bate *(m) baseball bat*
batir *to beat, whip*
bautizar *to baptize*
beber *to drink*
beca *(f) scholarship*
bélico *(adj) warlike*
belicoso *(adj) warlike*
bello *(adj) beautiful*
bendecir *to bless*
bendición *(f) benediction, blessing*
beneficio *(m) benefit*
biblioteca *(f) library*
bienes *(m) goods, belongings*
bienestar *(m) well-being*
bienvenido *(adj) welcome*
bilingüismo *(m) bilingualism*
biólogo *(m) biologist*
bipartidista *(adj) bipartisan*
blanco *(adj) white; (m) target*
blandir *to brandish*
bloque *(m) political block*
boato *(m) pomp, ostentation*
boga *(f) vogue, fashion*
bomba *(f) bomb*
bondad *(f) kindness*
bono *(m) charity voucher*
borrar *to erase*
borroso *(adj) foggy*
bosque *(m) forest*
botar *to throw away; to launch*
bracero *(m) day laborer*
brasileño *(adj & m) Brazilian*
brecha *(f) breach, opening*
brevedad *(f) brevity*
brillante *(adj) brilliant*

brillar *to shine*
brindar *to offer*
broma *(f) joke*
brotar *to sprout*
brote *(m) bud*
brusco *(adj) rude, abrupt*
burgués *(adj & m) bourgeois, middle-class*
burlar *to mock;* —se de *to make fun of*
burocracia *(f) bureaucracy*
busca *(f) search*
buscar *to look for; search*
búsqueda *(f) search*

C

cabal *(adj) complete*
caber *to fit into;* no cabe duda *there's no doubt*
cabo *(m) end; tip;* al — *finally*
cacique *(m) chief; political boss*
cada *(adj) each, every;* — vez más *more and more*
cadáver *(m) corpse*
cadena *(f) chain*
caer *to fall;* —se *to fall down*
caída *(f) fall*
caja *box*
calabozo *(m) jail*
cálculo *(m) calculation*
calibrar *to gauge, size*
calidad *(f) quality*
caliente *(adj) warm*
calificación *(f) grade*
calificar *to qualify; to grade*
calmar *to calm*
caluroso *(adj) warm*
calle *(f) street*
cámara *(f) hall;* — de Delegados, *Chamber of Deputies*
camarada *(m) comrade*

cambio *(m) change;* a — de *in exchange for;* en — *on the other hand*
camino *(m) road; course*
campaña *(f) campaign*
campear *(mil.) to champion; to excel; to be in the field*
campeón *(m) champion*
campesinado *(m) country people, villagers*
campesino *(m) peasant*
campo *(m) country; field*
candidatura *(f) candidacy*
cantidad *(f) quantity*
caos *(m) chaos*
capa *(f) layer*
capaz *(adj) capable*
capítulo *(m) chapter*
capricho *(m) caprice, whim*
carbón *(m) coal*
carcajada *(f) loud laughter*
cárcel *(f) jail*
carcelero *(m) jailer*
carecer de *to lack*
carencia *(f) lack*
carente *(adj) lacking*
carga *(f) duty; job*
cargar *to carry*
cargo *(m) load; weight;* a — de *in the hands of*
caribe *(m) Caribbean*
carne, — propia *in the flesh*
carrera *(f) career; race*
carretera *(f) main road*
carro *(m) car*
carta *(f) letter*
casado — a *(m & f) married person*
casamiento *(m) wedding; marriage*
casarse *to marry*
caso *(m) case;* en todo — *in any case*
castigar *to punish*
castigo *(m) punishment*
casualidad *(f) chance*
cátedra *(f) chair; professorship*

católico *(adj) Catholic*
cauce *(m) river bed*
caudal *(m) wealth*
caudillo *(m) leader, chief*
cautivo *(m) captive*
caza *(f) hunt*
ceder *to cede; to yield*
cegar *to blind*
ceguera *(f) blindness*
celda *(f) cell*
celebrarse *to hold (a meeting)*
celoso *(adj) jealous*
cenar *to eat supper*
cenicero *(m) ash tray*
ceniza *(f) ash*
censo *(m) census*
censurar *to censure*
centenar *(m) hundred;* —es de hundreds of
cerca *(adv) near, near by;* — de *(prep) near*
cercanía *(f) proximity (pl) vicinity*
cercano *(adj) near*
cerebro *(m) brain*
cernerse *to hover*
cerrado *(adj) closed*
certeza *(f) certainty*
cesar *to cease, stop*
cicatrizar *to heal*
ciego *(adj) blind*
científico *(m) scientist*
ciento *(m) one hundred;* por — *per cent*
cifra *(f) figure*
cínico *(adj) cynical*
cinismo *(m) cynicism*
circundar *to surround*
circunscribir *to circumscribe*
cita *(f) appointment; quota*
citar *to quote*
ciudad *(f) city*
ciudadano *(m) citizen*
clamar *to call for; to clamor for*

clamorosamente *(adv) loudly*
clave *(f) key*
clima *(m) climate*
coadyuvante *(adj) helping*
coalición *(f) coalition*
cobardía *(f) cowardice*
cobrar *to gain, acquire*
cobre *(m) copper*
cocinar *to cook*
codicia *(f) greed*
codiciar *to convet, want*
código *(m) code of laws*
cohesionar *to bring together*
cohete *(m) rocket*
cola *(f) tail;* hacer — *to stand in line*
colega *(m & f) colleague*
colegio *(m) academy, college*
colérico *(adj) angry*
colmo *(m) limit;* para — *to top it off*
colocación *(f) placement*
colocar *to place; to put;* —se *to station oneself*
colonia *(f) colony*
coloniaje *(m) the state of being a colony*
colono *(m) laborer; tenant farmer*
comarca *(f) district*
combinarse *to unite, coalesce*
comercio *(m) commerce*
comicios *(m pl) elections*
como *(adv & conj) as, like, such as*
cómodamente *(adv) comfortably*
compadecer *to pity; to sympathize with*
comparecer *to enter an appearance in court*
compartir *to share*
compeler *to compel; to oblige*
compensar *to compensate*
competencia *(f) competition*
complacer *to please, to accommodate*
complejidad *(f) complexity*
complejo *(m) complex*

complot *(m) plot*
comportarse *to behave*
comprender *to understand; to compromise, embrace*
comprobado *(pp)* comprobar *proved, tested*
comprometerse *to compromise*
compromiso *compromise*
computadora *computer*
común y corriente *(adj) average*
conceder *to give, concede*
concentrar *to concentrate*
concepto *(m) concept*
concertar *to harmonize; to adjust differences*
conciencia *(f) conscience*
conciliar *to reconcile*
concomitante *(adj) concurrent*
concurrir *to coincide; to concur*
condenar *to condemn*
condescendiente *(adv) condescending*
conducir *to conduct, to lead* —se *to behave*
confeccionar *to make up; to manufacture*
conferir *to confer*
confianza *(f) confidence*
confiar *to confide, to entrust*
configurar *to configure, to take the shape of*
conforme *(adj) in agreement*
confundir *to confuse*
congreso *(m) congress, meeting*
congruencia *(f) congruence*
conjunto *(m) total, whole;* en — *as a whole*
conjurar *to conjure; to ward off*
conmoción *(f) stir; disturbance*
conmover *to move; to stir (emotions)*
conocimiento *(m) knowledge*
conquistador *(m) conqueror*
consagrar *to consecrate*
conscientemente *(adv) consciously*
conseguir *to obtain*

consejero *(m) adviser*
conservadurismo *(f) conservatism*
consignar *to assign*
consiguiente *(adj) consequent;* por — *consequently*
consistir *to consist;* — en *to consist of*
constituir *to constitute*
consulado *(m) consulate*
consumación *(f) finish; end*
consumo *(m) consumption*
contagiar *to infect*
contar con *to count on*
contendiente *(m) disputant*
contexto *(m) context*
contienda *(f) dispute*
contingente *(m) contingent*
continuidad *(m) continuum, continuity*
contraponer *to contrast*
contrato *(m) contract*
conveniencia *(f) convenience*
convenir *to be suitable or agreeable to*
convergente *(adj) converging*
convertirse en *to change into*
convivir *to live with*
conyugal *(adj) conjugal, pertaining to marriage*
coraje *(m) courage*
corazón *(m) heart*
coronel *(m) colonel*
correr *to run;* — el riesgo de *to run the risk of*
corresponsal *(m) correspondent*
corriente *(adj) current*
corte *(m) cut*
cortesía *(f) courtesy*
cosecha *(f) harvest; crop*
cosechar *to harvest*
cosechero *(m) grower; owner of a crop or harvest*
costar *to cost*
costero *(adj) coastal*
costo *(m) cost*
costoso *(adj) costly*

costumbre *(f) custom*
crecer *to grow*
creciente *(adj) growing*
crecimiento *(m) growth*
creer *to believe*
criada *(f) maid*
criar *to bring up, bear*
criollo *(adj & m) Creole*
cristal *(f) glass, window*
criterio *(m) criterion, standard; judgment*
crítico *(adj) critical; (m) critic;* crítica *(f) criticism*
cronista *(m & f) chronicler;* — de deportes *sportscaster*
cruento *(adj) cruel; bloody*
cruzada *(f) crusade*
cruzar *to cross*
cuadro *(m) picture*
cual *(pron) which*
cualidad *(f) quality*
cualquier, –a *(adj & pron) any, anyone; whichever*
cuanto *(adj & pron) as much as;* en — *as soon as*
cuantitativo *(adj) quantitative*
cubano *(adj) Cuban*
cuello *(m) collar;* — blanco *white collar*
cuenta *(f) count;* a fin de —s *in the final analysis;* darse — *to realize*
cuestión *(f) question; problem; controversy*
cuidadosamente *(adv) carefully*
culpa *(f) guilt*
culpabilidad *(f) guilt*
culpar *to blame*
cumbre *(f) summit*
cumplir *to execute; to fulfill*
currículo *(m) curriculum*
curso *(m) course*
charlar *to chat*
chico *(m) boy; child*
chocar *to collide, crash*
choque *(m) clash, crash*
choza *(f) hut; shack*

D

dañar *to harm; to hurt*
daño *(m) damage; harm*
dar *to give;* — a luz *to give birth to;* — cauce a *to express;* — de comer *to feed;* —se cuenta de *to realize*
dato *(m) fact*
débil *(adj) weak*
debilitar *to weaken*
década *(f) decade*
decidir *to decide;* —se *to make up one's mind*
declarar *to declare, state*
declinar *to decline, diminish; to transfer*
decoro *(m) decorum, propriety*
decoroso *(adj) decent*
decrecer *to decrease*
decretar *to decree*
definir *to define*
dejar de *+ inf to stop*
dejo *(m) accent*
deliberar *to deliberate*
delinear *to delineate, outline*
delito *(m) crime*
demagógico *(adj) demagogic*
demagogo *(m) demagogue*
demanda *(f) demand*
demandar *to demand*
demás *(adj & pron)* los — *the rest*
demasiado *(adv) too much; too*
demográfico *(adj) demographic, relating to the study of population*
demostrar *to demonstrate*
denominación *(f) name*
denominador *(m) denominator;* — común *common denominator*
denominar *to name*
denuedo *(m) boldness; courage*

denunciar *to denounce; to proclaim*
deparar *to furnish, offer*
departamento *(m) department; apartment*
depauperar *to impoverish*
dependencia *(f) branch office*
deporte *(m) sport*
depravado *(adj) depraved*
derechista *(adj) rightist*
derecho *(adj) right (m) law, duty;* derecha *(f) right wing*
derivación *(f) derivation*
derivar *to derive*
derrama *(f) spilling over*
derramar *to spill; to spread*
derribar *to demolish*
derrocar *to overthrow*
derrotar *to conquer*
desafiar *to challenge*
desafío *(m) challenge*
desaforar *to encroach on one's rights;* —se *to be disorderly*
desalentar *to discourage*
desaliento *(m) discouragement*
desalojar *to dislodge; evict*
desamparo *(m) helplessness; abandonment*
desaparecer *to disappear*
desaprobar *to disapprove*
desarrollar *to develop*
desarrollo *development*
desatar *to loosen, to unleash*
desatino *(m) blunder, error*
descansar *to rest*
descarnado *(adj) bare, unadorned, open*
desconfianza *(f) mistrust*
desconfiar *to distrust*
desconocer *not to know; to fail to recognize*
desconocimiento *(m) ignorance*
descontento *(m) displeasure*
describir *to describe*
descubrimiento *(m) discovery*

descubrir *to discover*
descuido *(m) carelessness*
desde *(prep) from, since;* — luego *of course*
desecho *(m) waste*
desembocar *to lead to*
desempañar *to recover;* — un papel *to play a part*
desempleo *(m) unemployment*
desencadenamiento *(m) the unchaining*
desenfrenado *(adj) unbridled*
desengaño *(m) disillusion*
desentenderse *to neglect, to ignore*
desenvolvimiento *(m) development*
desequilibrio *(m) mental disorder; lack of balance*
desesperado *(adj) desperate*
desgastar *to waste*
deshumanizar *to dehumanize*
desidia *(f) negligence*
desidioso *(adj) indolent; negligent*
designar *to designate, to appoint*
desigual *(adj) unequal*
desigualdad *(f) inequality*
desilusionarse *to become disillusioned*
desinteligencia *(f) lack of intelligence*
desligarse *to get loose; to give way*
deslumbrador *(adj) dazzling*
desmayo *(m) faint; dismay*
desmedido *(adj) disproportionate*
desnivel *(m) inequality*
desnutrición *(f) malnutrition*
desocupado *(adj) idle*
desorden *(m) disorder*
despechado *(adj) upset; depressed*
despertar *to awaken;* —se *to wake up*
desplazar *to displace*
desplegar *to unfold; to unfurl*
despliegue *(m) unfurling*
despojar *to rob; to strip (of)*
despojo *(m) booty*
despreciado *(adj) despised*

despreciar *to despise*
desprecio *(m) scorn*
desprenderse *to get loose; to give way*
desprestigiar *(m) discredit; loss of prestige*
desproporción *(f) disparity; inequality*
después *(adv) after; then, later;* — de *after*
destacado *(adj) outstanding*
destacar *to stand out*
desterrar *to exile; to banish*
destreza *(f) skill*
desunión *(f) disunion; discord*
desventaja *(f) disadvantage*
desventura *(f) misfortune*
desviación *(f) deviation; shift*
desviar *to deviate*
detener *to stop*
deterioro *(m) deterioration*
deuda *(f) debt*
devenir *to become*
diario *(adj) daily; (m) newspaper*
dicotomía *(f) dichotomy; division*
dictadura *(f) dictatorship*
dicho *(pp of* decir*) said; aforementioned*
diestramente *(adv) dexterously, cleverly*
diferencia *(f) difference;* a — de *as opposed to; different from*
difundir *to diffuse*
diluir *to dilute*
dinero *(m) money*
dirigente *(adj) directing; (m) leader*
dirigir *to direct, govern; to address;* —se *to go to or toward*
discordia *(f) discord*
discrepancia *(f) discrepancy*
discriminar *to discriminate*
discutible *(adj) disputable*
discutir *to discuss*
disentir *to dissent; to differ*

disfrutar *to enjoy; to make use of*
disimular *to hide, to mask*
disminución *(f) dwindling*
disminuir *to diminish*
disparo *(m) shot*
dispersar *to disperse*
dispersión *(f) dispersion*
disponer *to arrange; to order* —se de *to get ready*
dispuesto *(pp of* disponer *& adj) ready*
disputa *(f) dispute*
distanciamiento *(m) distance*
distinguirse *to differ, be different*
distraerse *to enjoy oneself*
divertir *to amuse, entertain;* —se *to have a good time*
doblar *to double*
doler *to hurt*
doloroso *(adj) painful*
dominar *to dominate, to stand out*
dominio *(m) domain*
dondequiera *(adv) wherever; anywhere*
dotar *to endow*
dudar *to doubt*
dueño *(m) owner; boss*

E

ecológico *(adj) ecological*
ecuánime *(adj) with equanimity; balance*
ecuménico *(adj) universal*
echar *to throw, cast;* — a perder *to spoil, to ruin*
edad *(f) age*
edificar *to build*
educar *to educate;* —se *to become educated*
efectuar *to effect; to accomplish*
efervescencia *(f) effervescence; fervor*
eficacia *(f) effectiveness*

eficaz *(adj) effective*
eficiencia *(f) efficiency*
ejecución *(f) execution, carrying out*
ejecutar *to carry out*
ejecutivo *(adj) executive*
ejemplar *(adj) exemplary*
ejemplo *(m) example;* por — *for example*
ejercer *to exercise; to exert*
ejército *(m) army*
elegir *to elect; to select*
emanar *to emanate*
embajador *(m) ambassador*
emergencia *(f) act of emerging, emergence*
empeñarse en *to insist on; to persist in*
empeño *(m) insistence*
empeorar *to impair, to make worse*
empero *(conj) however, nevertheless*
empezar *to begin*
empleo *(m) job, position*
emprender *to undertake*
empresa *(f) undertaking*
empujar *to push*
emular *to emulate; to rival*
enajenar *to dispossess, to alienate*
encabezar *to lead, to head*
encaminado *(adj) directed toward*
encaminar *to direct; to guide*
encarar *to face*
encarnar *to incarnate*
encarnizado *(adj) furious*
encauzar *to channel; to guide*
encender *to light; to set on fire*
encerrar *to enclose, to lock up*
encima *(adv) above*
encono *(m) rancor; ill will*
encuentro *(m) meeting, encounter*
enfocar *to focus*
enfoque *(m) point of view; focus*
enfrascar *to be involved or entangled in*
enfrentamiento *(m) confrontation*

enfrentarse *to face; to confront*
enfrente *(adv) in front of*
engaño *(m) deception*
engendrar *to engender; cause*
engrosar *to enlarge*
enojo *(m) anger*
enraizar *to take root*
enriquecer *to enrich*
enriquista *(adj) moneymaking*
enrolar *to be drafted, enlisted*
ensayar *to try*
ensayo *(m) essay*
enseñanza *(f) teaching*
entablar *to initiate; to bring a law suit*
entender *to understand;* —se con *to come to an understanding with*
entendimiento *(m) understanding*
enterado *(adj) informed*
enterar *to inform;* —se *to know; to find out*
entereza *(f) fortitude*
entidad *(f) entity*
entonces *(adv) then;* desde — acá *since that time*
entorpecer *to delay; to clog*
entrañable *(adj) affectionate; profound*
entrañar *to contain*
entregado *(pp of* entregar*) given to*
entregarse a *to give in, to yield*
entrenamiento *(m) training*
entrevista *(f) interview*
enturbiar *to make muddy, to darken*
envejecer *to age*
envenenar *to poison*
envío *(m) shipment; the sending of*
equilibrio *(m) balance*
equipar *to fit; to equip*
equipo *(m) equipment*
equivocar *to mistake* —se *to be mistaken*
equívoco *(adj) mistaken*
erótico *(adj) erotic*

erudito *(adj) erudite; learned*
escala *(f) ladder; scale; level*
escalar *to escalate*
escalera *(f) staircase*
escarnecer *to jeer; to mock*
escaso *(adj) scarce*
escenario *(m) stage*
esclarecer *to lighten, illuminate*
esclavitud *(f) slavery; bondage*
esclavo *(m) slave*
escoger *to choose*
escuela *(f) school*
escultora *(f) sculptor*
esforzar *to inspire; to encourage;* —se *to make an effort*
esfuerzo *(m) effort*
esmog *(m) smog*
espantoso *(adj) frightening*
esparcir *to scatter*
especie *(f) kind, class*
esperanza *(f) hope*
espiral *(f) spiral*
espíritu *(m) spirit*
estadista *(f) statesman; statistician*
estadística *(f) statistics*
estado *(m) state, condition*
Estados Unidos *the United States*
estadounidense *(adj) of or pertaining to the United States*
estancia *(f) stay*
estar *to be;* — de acuerdo *to be in agreement;* —dispuesto a *to be disposed to, ready for*
estatal *(adj) of or pertaining to the state*
estatuido *(pp of* estatuir*) to be passed into law*
estilo *(m) style, fashion*
estimar *to judge, think*
estimular *to stimulate*
estrategia *(f) strategy*
estrechar *to tighten*
estrechez *(f) narrowness*
estrofa *(f) strophe*

estructura *(f) structure*
estundiantil *(adj) student*
estupefaciente *(m) narcotic*
estupor *(m) stupor; amazement*
etapa *(f) epoch; period, stage*
étnico *(adj) ethnic*
europeo *(adj) European*
evasión *(f) evasion; escape*
evitar *to avoid*
exhibir *to exhibit, expose, display*
exhortación *(f) warning*
exigencia *(f) exigency; requirement; demand*
exigente *(adj) demanding*
exigir *to demand*
éxito *(m) outcome;* tener — *to be successful*
éxodo *(m) exodus*
explotar *to exploit*
expresar *to express*
expropiar *to expropriate*
extinguido *(adj) destroyed*
extraer *to extract, to take from*
extranjero *(adj) foreign; (m) foreigner*

F

fábrica *(f) manufacture; factory*
fabricación *(f) construction; manufacturing*
fabricar *to create; to manufacture*
faceta *(f) facet*
facilitar *to facilitate*
facultad *(f) department of a university, school*
faena *(f) task*
faltar *to be missing; to be wanting*
falla *(f) weakness; defect; error*
fallar *to fail*
fallo *(m) judgment, sentence, decision*
fascista *(adj) fascist*

fatal *(adj) fatal*
fauna *(f) fauna (animal life)*
fe *(f) faith*
fecundo *(adj) fecund; fruitful*
fecha *(f) date;* a últimas —s *most recently*
felicitar *to congratulate*
fermentación *(f) fermentation, transformation*
feroz *(adj) fierce*
ferrocarril *(m) railroad*
fervor *(m) zeal; fervor*
ficción *(f) fiction*
fiebre *(f) fever*
fiel *(adj) faithful*
figurar *to figure*
fijar *to fix; to establish;* —se en *to notice*
fila *(f) rank*
filosofar *to philosophize*
filtrar *to filter*
fin *(m) end; goal* en — *finally*
finanza *(f) bond; (pl) finances*
firma *(f) signing; signature*
firmante *(m) signer*
firmeza *(f) firmness*
fiscal *(m) public procescutor*
fisiológicamente *(adv) physiologically*
flaqueza *(f) weakness*
flor *(f) flower*
flora *(f) flora, plant life*
florecer *to flourish*
flota *(f) fleet*
fluir *to flow*
foco *(m) focus*
fomentar *to foment; to excite*
fondo *(m) bottom;* de — *background*
fondos *(m pl) funds, monies*
fortalecer *to strengthen*
fortalecimiento *(m) strengthening*
fortaleza *(f) fortitude, strength; fort*
forzoso *(adj) obligatory*
fracasar *to fail*
fracción *(f) fraction*

franco *(adj) frank, candid*
franqueza *(f) frankness*
frenar *to halt, to stop*
freno *(m) brake; control*
frente *(m) front;* — a *in front of; facing*
frontera *(f) border*
fruto *(m) fruit; result*
fuente *(f) fountain, source*
fuera *(adv) away, outside, off*
fuerte *(adj) strong; secure; (m) fort*
fuerza *(f) force; stength;* fuerzas armadas *armed forces*
funcionar *to function*
fundar *to found; to establish*

G

galardón *(m) reward*
gama *(f) gamut, an entire range or series*
gana *(f) inclination;* tener —s de *to feel like*
ganar *to earn;* —se el pan (el sustento) *to earn a living*
gandhiano *(adj) of or about Mahatma Gandhi*
garantía *(f) guarantee*
gastar *to spend; to waste*
gasto *(m) expenditure*
gemir *to moan*
generar *to generate, produce*
genérico *(adj) generic*
género *(m) genre, kind, sort*
gente *(f) people, crowd; nation*
geografía *(f) geography*
gerencia *(f) management*
gesto *(m) gesture*
girar *to turn, to revolve*
giro *(m) trend; tendency*
global *(adj) global, world-wide*
glosa *(f) comment; note*
gobernador *(m) governor*

gobierno *(m) government*
goce *(m) enjoyment*
golpe *(m) blow; knock*
gozar *to enjoy*
gozo *(m) joy*
gracioso *(adj) funny; gratuitous*
grado *(m) grade, degree*
graduarse *to graduate*
grandecito *(adj) pretty big*
grandeza *(f) bigness; grandeur*
griego *(adj) Greek*
grito *(m) shout*
grueso *(adj) bulky; (m) the bulk of, majority of*
guardia *(m) guard*
guardián *(m) guardian*
guerra *(f) war*
guerrero *(m) fighter*
guía *(m & f) guide*
gusto *(m) taste; pleasure*

H

haber de *to be to . . .; to have to or ought to be*
haberes *(m) goods*
habilidad *(f) ability*
habilitar *to enable; to equip*
habitación *(f) house; room*
habitante *(m) inhabitant*
habla *(f) speech; language*
hablar *to speak*
hacer *to do; to make;* — la cama *to make the bed;* — compras *to shop;* — frente a *to face; confront;* — referencia a *to refer to;* —se *to become*
hacia *(prep) toward*
hacienda *(f) plantation; ranch*
hallar *to find;* —se *to be; to find oneself*
hambre *(f) hunger*
hambriento *(adj & m) hungry*

harto *(adj) too much*
hazaña *(f) deed*
hecho *(m) fact;* de — *in fact;* de facto
hegemonía *(f) hegemony, supremacy*
helicóptero *(m) helicopter*
heredero *(m) heir*
herejía *(f) heresy*
herencia *(f) inheritance; heritage*
herida *(f) wound*
herir *to wound; to hurt*
héroe *(m) hero*
hidrógeno *(adj) hydrogen*
higiene *(f) hygiene*
hilo *(m) thread*
hispano-parlante *(adj) Spanish-speaking*
historia *(f) history*
hogar *(m) hearth, home*
hoja *(f) leaf; sheet of paper*
holandés *(adj) Dutch*
homogéneo *(adj) homogeneous*
hondo *(adj) deep*
honra *(f) honor*
horadar *to perforate; to pierce*
horizonte *(m) horizon*
hospitalario *(adj) hospitable*
huelga *(f) strike;* — decir *needless to say*
hueso *(m) bone*
huir *to flee*
humilde *(adj) humble*
hundir *to sink*

I

Iberoamérica *(f) Iberoamerica*
ideología *(f) ideology*
ideólogo *(m) ideologist*
idioma *(m) language*
idiosincrasia *(f) idiosyncrasy*
idóneo *(adj) fit, proper*
iglesia *(f) church*

ignominioso *(adj) ignominious; disgraceful*
igual *(adj) equal*
igualar *to equal; equalize*
igualdad *(f) equality*
ilustrado *(adj) enlightened;* poco — *not very well educated*
imagen *(f) image*
imitar *to imitate*
impartir *to give (a course)*
impedir *to impede, to hinder*
impeler *to impel*
imperante *(adj) commanding; in power*
imperativo *(adj) imperative; (m) imperative mood; command; rule*
ímpetu *(m) impetus*
implacable *(adj) implacable; inexorable*
implantar *to implant; to establish*
imponer *to impose*
impotente *(adj) impotent, powerless*
imprenta *(f) press; printer*
imprescindible *(adj) essential, indispensable*
imprimir *to print, to imprint*
impuesto *(pp of* imponer*), imposed; (m) tax*
impulsar *to impel; to motivate*
impune *(adj) unpunished*
inacción *(f) inaction; inactivity*
inasimilable *(adj) unassimilable*
incapaz *(adj) incapable*
incendio *(m) fire*
incinerador *(m) incinerator*
inclinarse *to be in favor of*
incluir *to include*
inclusive *(adv) inclusive, including, even;*
inclusivo *(adj) inclusive, comprehensive*
incomprensión *(f) lack of understanding*
inconformidad *(f) disagreement*

incongruente *(adj) incongruous*
inconsciente *(adj) unconscious, unaware*
inconveniente *(m) difficulty, obstacle*
incorporarse a *to join with*
incremento *(m) increase*
incrustación *(f) encrustation*
indebidamente *(adv) unduly*
indebido *(adj) undue*
índice *(m) index*
indígena *native, indigenous*
indiscutible *(adj) indisputable*
indispensable *(adj) indispensable*
indistintamente *(adj) indistinctly; indiscriminately*
indivisible *(adj) indivisible*
indomable *(adj) unmanageable*
ineludible *(adj) inevitable*
inequívoco *(adj) unmistakable*
inesperado *(adj) unexpected*
inestabilidad *(f) instability*
infatigable *(adj) tireless*
infernal *(adj) infernal, hellish*
infligir *to inflict; impose*
influir *to influence*
informe *(m) information*
infortunio *(m) misfortune*
ingenio *(m) genius; talent*
ingenioso *(adj) clever*
ingenuidad *(f) openness, frankness*
ingenuo *(adj) ingenuous; open*
Inglaterra *England*
ingresar *to enter; to join*
ingreso *(m) entrance;* —s *profits; revenue*
inhalar *to inhale*
inhibir *to inhibit*
inicial *(adj & f) initial*
iniciar *to initiate; to begin*
iniquidad *(f) injustice*
injuriar *insult, offend*
innegable *(adj) undeniable*
inquietar *to worry, disturb;* —se *to worry*

inquietud *(f) restlessness; anxiety*
insalvable *(adj) insolvable*
insatisfacción *(f) dissatisfaction*
inscribir *to enroll in, to join;* —se *to register*
insensato *(adj) foolish*
instalación *installation i.e. building*
instalado *(pp* instalar*) installed, set up*
instalar *to install*
institucionalizar *to institionalize*
insuplible *(adj) irreplaceable*
insurgente *(adj) insurgent, rebel*
integración *(f) integration*
integrar *to integrate; make up*
íntegro *(adj) whole, complete*
interacción *(f) interaction*
intercambio *(m) exchange; interchange*
intereses creados *(m) vested interests*
interracial *(adj) interracial*
intervenir *to intervene*
inundar *to inundate, overflow*
inusitado *(adj) unusual*
inútil *(adj) useless*
invasor *(f) invader*
inventario *(m) inventory*
inversión *(f) investment*
inversor *(m) investor*
invertir *to invest*
ir *to go;* — a galope *to be in a hurry*
irritar *to irritate, annoy*
irrumpir *to burst in*
isla *(f) island*
izquierda *(f) left hand; left wing (politics)*
izquierdista *(m & f) leftist, radical*

J

jamás *(adv) never*
jefe *(m) chief*

jerarquía *(f) hierarchy;* de alta — *of important rank*
jira *(f) outing; excursion*
jornada *(f) working day*
jornalero *(m) worker*
joven *(adj) young*
juego *(m) game*
juez *(m) judge*
jugador *(m & f) player*
juicio *(m) judgment*
juntar *to join*
junto *(adj) joined, united*
juridico *(adj) lawful, juridical*
justamente *(adv) justly*
juvenil *(adj) juvenile, youthful*
juzgar *to judge*

K

kilómetro *(m) kilometer (about five-eighths of a mile)*

L

lado *(m) side*
lágrima *(f) tear*
lamentar *to lament, deplore*
lamento *(m) lament*
lanzallamas *(m) flamethrower*
lanzamiento *(m) launching*
lanzar *to throw; to launch*
largamente *(adv) for a long time*
largo *(adj) long;* a lo — *along*
lástima *(f) pity*
lastimar *to hurt*
latente *(adj) latent*
latir *to throb; to beat*
lavar *to wash*
lazo *(m) tie*
leal *(adj) loyal*
lealtad *(f) loyalty*
lector *(m) reader*
leer *to read*

legado *(m) legacy*
legar *to will, bequeath*
legislar *to legislate*
legítimo *(adj) legitimate; real*
lejano *(adj) far, distant*
lejos *(adv) far; far away*
lema *(m) slogan*
lengua *(f) tongue; language*
lenguaje *(m) language*
leso *(adj) perverted*
levantamiento *(m) uprising; revolt*
levantar *to raise;* —se *to get up; to rebel*
leve *(adj) light*
ley *(f) law*
leyenda *(f) legend; inscription*
librar *to free*
librería *bookstore*
libreta *(f) notebook*
líder *(m) leader*
liderazgo *(m) leadership*
liga *(f) alliance*
ligado *(adj) joined to*
ligar *to bind, tie; to join*
ligero *(adj) light*
lírico *(adj) lyric*
listo *(adj) ready*
local *(m) place, site*
localizar *to localize*
locura *(f) madness*
lograr *to get; to obtain; (+ inf) to succeed in*
logro *(m) profit; attainment*
lucir *to shine*
lucha *(f) struggle, fight*
luego *(adv) soon; then, next;* desde — *naturally*
lugar *(m) place*
lujo *(m) luxury*
luminaria *(f) luminary, well-known person*
luz *(f) light;* a todas luces *anyway*
llaga *(f) wound*
llamada *(f) call*

llamamiento *(m) call; appeal*
llamar *to call*
llamativo *(adj) showy, flashy*
llave *(f) key*
llegar *to arrive; to reach;* — a ser *to get, to become*
llenar *to fill*
lleno *(adj) full*
llevar *to carry; to bear;* — a cabo *to carry out;* —se bien con *to get along well with*
llorar *to cry*
llover *to rain*

M

madre *(f) mother*
maduro *(adj) mature*
maestría *(f) mastery*
maestro *(m) teacher*
mahometano *(adj) Mohammedan*
maldad *(f) evil*
malestar *(m) indisposition, upset*
malgastar *to waste*
malograr *to waste*
maltratado *(adj) mistreated*
maltratar *to abuse, to mistreat*
mandar *to order, to send*
mandato *(m) command*
manejar *to manage, to handle;* —se *to move about; to get around*
manera *(f) way, manner:* de — que *so that*
maníaco *(adj & m) maniacal; madman*
manifestar *to manifest; to expose;* —se *to come out for*
manifiestamente *(adv) overtly*
manifiesto *(m) manifesto*
manipular *to work, manipulate*
mantener *to maintain;* —se *to continue; to remain*
máquina *(f) machine*

maquinaria *(f) machinery*
mar *(m & f) sea*
maraña *(f) tangle; snarl*
marco *(m) frame*
marcha *(f) march; course*
margen *(m & f) margin, border*
marginado *(adj) marginated, left on the outside*
marginar *to put on the margin of*
marido *(m) husband*
mártir *(m & f) martyr*
más *(adv) more; most*
masacre *(f) massacre*
máscara *(f) mask*
matanza *(f) murder, massacre*
materia *(f) matter; material; subject*
matiz *(m) shade*
mayor *(adj) greater, older*
mayoría *(f) majority*
mayoritario *(adj) majority*
mecánico *(adj) mechanical*
mediados *(adv)* a — de *in or about the middle of*
mediante *(prep) by means of*
medida *(f) measurement;* a — que *while; means*
medio *(m) middle;* a medias *halfway; half and half;* por — de *by means of*
medir *to measure*
meditar *to meditate*
mejor *(adj) better* el — *the best*
mejora *(f) betterment*
mejoramiento *(m) betterment*
mejorar *to better*
mejoría *(f) betterment*
menester *(m) necessity*
mengua *(f) diminution*
menor *(adj) smaller, younger*
menos *(adv) less; least; except*
menoscabo *(m) deterioration*
menosprecio *(m) scorn*
mensaje *(m) message*
mente *(f) mind*
mentira *(f) lie*

menudear *to occur frequently*
menudo *(adj) small;* a — *often*
mercado *(m) market*
merecer *to deserve*
meridional *(adj) meridional, southern*
mero *(adj) mere*
mesianismo *(m) Messianism, belief in the coming of a new age*
mestizaje *(m) mixture, racial mixture*
mestizo *(adj & m) mixed, half-breed, mestizo*
meta *(f) goal*
metáfora *(f) metaphor*
meter *to place, put in;* —se *to be led astray, to get into*
mezcla *(f) mixture*
mezclar *to mix*
miedo *(m) fear*
militar *to fight against, militate*
mimeografiado *(adj) mimeographed*
mina *(f) mine; source*
minar *to mine*
minero *(m) miner*
minoría *(f) minority*
miopía *(f) short-sightedness*
mira *(f) sight, glance*
miseria *(f) misery*
misionero *(m) missionary*
mismo *(adj) same; self, very*
mítico *(adj) mythic*
moda *(f) fashion*
modalidad *(f) modality i.e., that which is in vogue*
molestia *(f) bother, annoyance*
moneda *(f) money*
montar *to organize; to establish*
morar *to live, to dwell*
morir *to die*
mortífero *(adj) fatal*
mostrar *to show, to demonstrate*
motín *(m) riot*
motivo *(m) motive, reason;* con — de *because of*
mover *to move*

movilización *(f) mobilization*
mudar *to change;* —se *to move*
mudo *(adj) silent; mute*
muerte *(f) death*
muerto *(m) corpse*
muestra *(f) sample; sign, indication*
múltiple *(adj) multiple*
mundial *(adj) world; universal*
mundo *(m) world*
muñeca *(f) doll*
muro *(m) wall*
mustio *(adj) withered*
musulmán *(m & f) Muslim*
mutilar *to mutilate*
mutismo *(m) muteness; silence*
muy *(adv) very; greatly*

N

nacer *to be born*
nada *(indef pron) nothing*
nadie *(indef pron) nobody, no one, not anyone*
narcomanía *(f) mania for narcotics*
narcóticos *(m & f) narcotics*
narrar *to tell*
natal *(adj) natal; native*
natalidad *(f) birth rate*
naturaleza *(f) nature; disposition*
navegante *(m) navigator*
negar *to deny; to refuse*
negativo *(adj) negative*
negocio *(m) business*
negro *(adj) black*
neomexicano *(m) New Mexican*
neutro *(adj) nuetral*
ni *(conj) neither, nor*
nido *(m) nest*
ningún, –o *(indef adj & pron) no one, none . . . any; nobody*
niñez *(f) childhood; infancy*
nítido *(adj) clear*

nivel *(m) level*
noble *(adj) noble*
noche *(f) night*
nodal *(adj) nodal; i.e., important, basic*
nombramiento *(m) nomination; appointment*
nombrar *to name; to appoint*
nombre *(m) name*
nominal *(adj) nominal*
norma *(f) rule, norm*
norte *(m) north*
norteamericano *(adj) North American (from the U.S.A.)*
norteño *(adj) of or from the north*
noticia *(f) news, notice*
novedad *(f) novelty; latest news*
novela *(f) novel*
novia *(f) girlfriend, sweetheart*
nube *(f) cloud*
núcleo *(m) nucleus*
nuevo *(adj) new*
número *(m) number*
nunca *(adv) never;* más que — *more than ever*
nutrido *(adj) growing; full of*
nutrir *to nourish; to feed*

O

obedecer *to obey*
obispo *(m) bishop*
objetar *to object*
objeto *(m) object, aim*
obligar *to oblige, to compel*
obra *(f) work*
obrero *(m) workman*
obstante, no — *(adv) nevertheless*
obstinación *(f) stubbornness*
obstruir *to obstruct*
ocio *(m) idleness*
octavo *(adj) eighth*

ocultar *to hide*
ocuparse *to be engaged in*
odio *(m) hatred*
oficial *(m) officer*
oído *(m) ear*
oír *to hear*
ojeada *(f) glance*
ojo *(m) eye*
ola *(f) wave*
olvidarse de *to forget about*
operar *to take effect*
opinar *to argue*
oponer *to oppose*
oprimido *(pp of* oprimir*) oppressed*
oprimir *to oppress*
optar *to choose*
opuesto *(pp of* oponer*) opposed*
opulencia *(f) opulence; wealth*
orgullo *pride*
orgulloso *(adj) proud*
orientación *(f) orientation*
originario *(adj & m) originating, native*
oro *(m) gold*
osadía *(f) boldness; daring*
osar *to dare*
oscilar *to oscilate*
oscurecer *to darken*
oscuro *(adj) dark*
ostensiblemente *(adv) ostensibly*
ostentar *to show; display*
otorgar *to grant, bestow*

P

pactar *to agree*
padecer *to suffer*
pagar *to pay*
página *(f) page*
pago *(m) payment*
país *(m) country*

palabra *(f) word*
pancarta *(f) placard*
papel *(m) paper; role*
paradoja *(f) paradox*
paradójico *(adj) paradoxical*
parar *to stop; to end*
parecer *to seem; to appear; (m) opinion*
parecido *(adj) similar*
pareja *(f) pair*
parejamente *(adv) equally*
parte *(f) part;* por — de *on the behalf of*
partida *(f) departure; game*
partidario *partisan, supporter*
partido *(m) party (political)*
partir *to split; to leave;* a — de hoy *starting today*
paso *(m) step;* al — *slowly*
pata *(f) leg (of an animal)*
patente *(adj) evident*
patria *(f) fatherland*
patriarca *(m) patriarch*
patricio *(m) patrician, noble*
patrocinar *to patronize; protect*
patrón *(m) boss; owner*
paulatino *(adj) slow*
pauta *(f) norm, rule*
pavor *(m) dread; terror*
pavoroso *(adj) frightful*
paz *(f) peace*
pecado *(m) sin*
pedagogía *(f) pedagogy, teaching*
pegar *to strike, to beat*
peldaño *(m) step (of a staircase)*
pelear *to fight*
peligro *(m) danger*
peligroso *(adj) dangerous*
pena *(f) grief, worry*
pendiente *(adj) hanging; pending*
penoso *painful*
pensador *(m) thinker*
pensamiento *(m) thought*

peor *(adj & adv) worse; worst*
pequeño *(adj) small*
pequineso *(adj) relating to Peking (China)*
percibir *to perceive; to collect*
perder *to lose*
pérdida *(f) loss*
perdonar *to forgive*
perdurar *to last; to survive*
perecer *to perish*
perfil *(m) profile; characteristic*
perforado *(adj) perforated*
periódico *(m) newspaper*
permitir *to permit, to allow*
pernicioso *(adj) pernicious; destructive*
perseverancia *(f) perseverance*
perseverar *to persist; to persevere*
perspectiva *(f) perspective*
pertinente *(adj) pertinent; pertaining*
pesadilla *(f) nightmare*
pesantez *(f) heaviness; difficulty*
pesar *to weigh*
petróleo *petroleum; oil*
picar *to pick, i.e., to excite*
pie *(m) foot; leg*
piedra *(f) stone*
piel *(f) skin*
píldora *(f) pill; birth control pill*
plaga *(f) plague*
plagado *(pp of* plagar*) plagued, to be overrun with*
planeamiento *(m) planning;* — familiar *family planning*
planetario *(adj) planetary, worldwide*
planificación *(f) planning;* — familiar *family planning, birth control*
plantar *to plant, establish, fix*
planteamiento *putting a plan into action*
plantear *to establish; to state, to present*
plática *(f) chat, talk*
platicar *to chat*

plazo *(m) term; time;* largo — *long-range*
plebiscito *(m) plebiscite, election*
pleito *(m) dispute, lawsuit*
pleno *(adj) full, complete*
plumaje *(m) plumage*
pluralidad *(f) plurality, majority*
plutocrático *(adj) plutocratic, i.e., government of the wealthy*
población *(f) population*
poblar *to populate; to inhabit*
pobreza *(f) poverty*
poder *to be able to; (m) power*
poderío *(m) power; might*
poderoso *(adj) powerful*
polarizar *to polarize*
polémica *(f) polemic*
policía *(f) police; (m) policeman*
policial (policíaco) *(adj) of or pertaining to the police*
política *(f) policy, politics*
político *(adj) political*
politización *(f) polarization*
politizado *(adj) polarized*
polvo *(m) powder, dust*
poner *to put, to place;* — de parte de *to get on the side of, to agree;* — término a *to put an end to;* —se a *to begin to*
porcentaje *(m) percentage*
porfiar *to persist; to insist*
portar *to carry*
portavoz (ces) *(m) spokesman*
porvenir *(m) future*
poseer *to possess, to own*
posibilitar *to make possible*
posteriormente *(adv) subsequently*
potencia *(f) potency; power*
preciar *to prize, to value*
precio *(m) price*
precioso *(adj) precious; beautiful*
precisar *to determine precisely*
preciso *(adj) necessary*
preconizar *to proclaim; to praise*

predecir *to predict*
prédica *(f) sermon; preaching*
predicar *to preach*
predilecto *(adj) favorite*
pregonar *to proclaim*
prejuicio *(m) prejudice*
prensa *(f) the press*
preocupación *(f) preoccupation; worry*
preocuparse *to worry*
prepotencia *preponderance*
prescindir (de) *to disregard, to dispense with*
presenciar *to witness*
presentarse *to present oneself*
presión *(f) pressure*
preso *(m) prisoner, convict*
prestar *to loan, to lend;* — atención *to pay attention to*
prestigio *(m) prestige*
presuntuoso *presumptuous*
presupuesto *(pp of* presuponer*) estimated; (m) budget*
prevaleciente *(adv) prevalent; current*
prevenir *to prevent; to prepare*
prever *to foresee; to anticipate*
previo *(adj) previous*
previsto *(adj) anticipated*
primario *(adj) primary, principal*
primordialmente *(adv) originally*
principio *(m) principle; beginning;* a —s de *toward the beginning of*
prisa *(f) speed; haste*
privar *to deprive*
probar *to prove*
problemático *(adj) problematic*
proceder *to proceed*
procedimiento *(m) procedure; method*
proceso *(m) lawsuit*
prodigar *to squander*
producirse *to occur; to happen*
proficuo *(adj) advantageous*
profundidad *(f) profundity*

proletariado *(m) proletariat, working class*
promedio *average; middle*
promotor *(m & f) promoter*
pronóstico *(m) prediction*
pronto *(adj) quick; ready; (adv) soon;* por lo — *for the present*
pronunciar *to pronounce; to make a judgment;* —se *to rise up, rebel*
propagar *to propagate*
propiedad *(f) property*
propio *(adj) proper; own*
proponer *to propose*
proporción *(f) proportion; degree*
proporcionar *to proportion; to furnish, supply, give*
propósito *(m) purpose, aim*
propuesto *(pp of* proponer*) proposed*
propugnar *to defend; to push for*
propulsar *to propel; to advance, to be in favor of*
proteger *to protect*
provecho *(m) benefit;* en — de *for the benefit of*
provechoso *(adj) profitable; useful*
proveer *to provide*
provenir *to originate, to arise*
provocar *to provoke; to stimulate*
próximo *(adj) near*
proyectar *to project; to plan*
proyecto *(m) project; plan*
prueba *proof*
psicológico *(adj) psychological*
psiquiatría *(f) psychiatry*
pueblo *(m) town, village; people; nation*
puente *(m) bridge*
puertorriqueño *(m) Puerto Rican*
pues *(conj) since, because*
pugna *(f) battle;* en — con *in conflict with*
pugnar *to stuggle, to strive*
punitiva *(adj) punitive*

punto *(m) period; point;* — de vista
  point of view
puritano *(adj) puritan*

Q

que *(rel pron) that, who, which;*
  (interog adj & pron) what?
quebrantar *to break*
quedar *to stay, remain;* — pendiente
  to remain pending
quehacer *(m) duty, task*
queja *(f) complaint*
quejarse *to complain*
quemar *to burn*
quien *(rel pron) who, whom; (interrog*
  pron) who?, whom?
quimera *(f) whim; fancy*
químico *(adj) chemical*
quinto *(adj) fifth*
quitar *to take off*
quizá *perhaps*

R

racismo *(m) racism*
raíz, raíees *(f) root (s)*
rama *(f) branch*
rasgo *(m) trait; feature*
rasurar *to shave*
raza *(f) race*
realizar *to accomplish, to carry out*
recalcar *to repeat*
recelo *(m) suspicion*
recibimiento *(m) reception; welcome*
recinto *(m) district*
reclamar *to demand; to complain*
reconcentración *(f) concentration*
reconocer *to recognize*
reconocimiento *(m) recognition*
rector *(m) rector; college or university president*
recuerdo *(m) memory*

recurrir *to resort to*
recurso *(m) resource*
rechazar *to reject*
rechazo *(m) rejection*
redimir *to redeem; to ransom*
reducir *to reduce*
reemplazar *to replace*
referir *to relate, to tell*
reflejar *to reflect*
reflejo *(m) reflection*
reflexionar *to think; to reflect on*
reforzar *to reinforce*
refrigerador *(m) refrigerator*
refugiar *to shelter;* —se *to take shelter*
régimen *(m) regime*
regir *to rule; to be in force*
registrar *to register, record*
regla *(f) rule*
rehuir *to shun, to avoid*
rehusar *to refuse*
reina *(f) queen*
reinar *to rule*
reintroducir *to reintroduce*
reivindicación *(f) recovery (law)*
reja *(f) bar, grate*
relación *(f) story, account*
relatar *to tell*
releer *to read again*
relegar *to relegate*
remedo *(m) imitation; mockery*
remendar *to mend*
remontar a *to go back to, to date from*
remunerar *to pay*
rencor *(m) animosity*
rendimiento *(m) yield; income*
rendirse *to surrender*
renovar *to renovate*
renunciar *to renounce; to resign*
reparar *to repair*
repartir *to distribute*
repeler *to repel*
replicar *to reply*
reportaje *(m) newspaper report*

salario 217

reportero *(m) reporter*
reposar *to repose; to rest*
reprender *to reprimand*
represión *(f) rebuke*
reprimir *to repress*
reprobar *to reprove, to blame*
reproche *(m) reproach*
reproducir *to reproduce*
repulsa *(f) repulse; rebuke*
requisito *(m) requirement*
resaltar *to stand out*
rescatar *to ransom*
rescate *(m) ransom; exchange*
resentimiento *(m) resentment, grudge*
resentirse *to begin to give away; to fail*
reseñar *to review (a book)*
residuo *(m) residue;* — industrial *industrial waste*
resolver *to resolve*
resonancia *(f) resonance; vibration*
respaldar *to back, to support*
respecto *(m) respect; relation;* al — *respectively*
resquicio *(m) crack; opening*
restringir *to restrain, restrict*
resuelto *(pp of* resolver*) resolved*
resultar *to turn out to be*
resumir *to conclude;* —se *to be included*
retener *to retain*
reticencia *(f) reticence; unwillingness to cooperate*
retocar *to retouch*
retornar *to return, to give back*
retorno *(m) return*
retraso *(m) delay*
retratar *to portray*
retrato *(m) portrait*
retroceder *to turn back; to fall back*
retroceso *(m) backward step; retreat*
reunión *(f) meeting*
reunir *to unite*
revelador *(adj) revealing*

revelar *to reveal*
revertir *to revert*
revisar *to revise; to review*
revista *(f) review, magazine*
revocar *to revoke*
revuelta *(f) revolt*
revulsivista *(m) one who is repelled or turned away*
riesgo *(m) risk*
rigidez *(f) rigidity*
rígido *rigid*
rincón *(m) corner*
riña *(f) quarrel, dispute*
río *(m) river*
riqueza *(f) riches, wealth*
risa *(f) laugh*
ritmo *(m) rhythm*
robar *to rob*
rodear *to go around*
rojo *(adj) red; radical*
ropa *(f) clothing*
roto *(pp of* romper *& adj) broken*
rubio *(adj) blonde*
rudo *(adj) rude*
rueda *(f) wheel*
ruido *(m) noise*
ruina *(f) ruin; destruction*
rumbo *(m) direction; course*
ruta *(f) route*

S

saber *to know*
sabio *(adj) wise*
sabor *(m) taste, flavor*
sabotear *to sabotage*
sacar *to draw, to pull or take out;* — a la superficie *to bring to the surface*
sacerdote *(m) priest*
sacudir *to shake*
sagaz *(adj) shrewd*
sagrado *(adj) sacred*
salario *(m) salary*

salida *(f) departure; subterfuge, pretext*
saliente *(adj) salient, standing out*
salón *(m) large room*
saltar *to jump, leap*
salubridad *(f) healthfulness*
salud *(f) health; welfare*
saludar *to greet*
salvaje *(adj) savage*
salvar *to save*
salvo *(adv) except*
sancionar *to sanction; to authorize*
sangrar *to bleed, to drain*
sangre *(f) blood*
sangriento *(adj) bloody*
sano *(adj) sound, healthy*
saquear *to ransack; to plunder*
saqueo *(m) pillage*
satanás *(m) Satan*
satélite *(m) satellite*
sátira *(f) satire*
satisfacer *to satisfy*
sazón *(f) season*
seco *(adj) dry*
secuela *(f) sequel*
secular *(adj) secular*
secundar *to help*
sede *(f) seat (i.e., principal center for a group or organization)*
segregar *to segregate; to separate*
seguido (pp of seguir) *followed; (adj) straight, direct*
seguir *to follow, to continue*
seguridad *(f) security; safety*
selva *(f) forest; jungle*
semana *(f) week*
semanal *(adj) weekly*
sembrar *to sow*
semejante *(adj) similar*
semejanza *(f) resemblance, similarity*
semilla *(f) seed*
sencillo *(adj) simple*
sensato *(adj) sensible, wise*
sensible *(adj) sensitive*

sentar *to seat; to set;* — plaza *to set a precedent*
sentido (pp of sentir & adj) *felt; experienced*
sentimiento *(m) sentiment; feeling; regret*
sentir *to feel; to sense*
señal *(f) sign*
señalar *to mark; to point out*
séptimo *(adj) seventh*
ser *to be; (m) being*
sereno *(adj) serene, calm*
serie *(f) series*
serio *(adj) serious*
servir *to serve;* — de *to serve as; to be used for*
siempre *(adv) always*
siglo *(m) century*
símbolo *(m) symbol*
similitud *(f) similarity*
simultáneo *(adj) simultaneous*
sinarquista *(adj) a neologism meaning non-anarchist*
sindicato *(m) trade union*
sinnúmero *(m) innumerable quantity*
sinónimo *(m) synonym*
sintético *(adj) synthetic*
síntoma *(m) symptom*
siquiera *(adv) at least; even;* ni — *not even; (conj) even though*
sistema *(m) system;* — de escape *emission system (of a car)*
soberano *(adj) sovereign*
soberbio *(adj) proud*
sobra, de — *more than enough*
sobrevenir *to happen*
sobreviviente *(adj) surviving; (m & f) survivor*
sobrevivir *to survive*
socio *(m) member*
sojuzgar *to subjugate*
sol *(m) sun*
soldado *(m) soldier*
soledad *(f) solitude; privacy*

soler *to be in the habit of*
solicitar *to urge*
sólo *(adv) only;* solo *(adj) sole, only*
soltar *to let go; to utter*
solterona *(f) old maid*
sombra *(f) shadow, shade*
sombrío *(adj) somber*
somero *(adj) superficial*
someter *to submit*
sometimiento *(m) submission*
sonar *to sound*
sondear *to sound; to probe*
sonreír *to smile*
soñar *to dream*
sorprender *to surprise*
sostener *to sustain; to support, maintain*
subdesarrollado *(adj) underdeveloped*
sublevar *to excite to rebellion;* —se *to revolt*
sublimar *to sublimate*
subrayar *to underline; to emphasize*
subsistencia *(f) living, livelihood*
subsistir *to subsist*
subyugación *(f) subjugation*
suceder *to happen*
suceso *(m) event*
sucursal *(m) branch office*
sudoeste *(m) southwest*
suelo *(m) soil, ground*
sueño *(m) sleep, dream*
suerte *(f) luck;* de toda — *at any rate*
sufragio *(m) suffrage; vote*
sufrir *to suffer; to undergo (a change)*
sugerencia *(f) suggestion*
sugerir *to suggest*
suma *(f) sum*
sumamente *(adv) extremely*
suministro *(m) furnishing; supply*
superar *to surpass; to overcome*
superficie *(f) surface; area*
supervivencia *(f) survival*
suplantar *to supplant, displace*
suplir *to supply*

suponer *to suppose; to assume*
suprimir *to suppress*
supuesto *(pp of* suponer*) supposed, assumed*
sur *(m) south*
surgir *to surge, to rise*
suspender *to suspend*
suspicaz *(adj) suspicious*
sustancia *(f) substance*
sustitución *(f) substitution*
susto *(m) scare, fright*
sustraer *to subtract*
sutil *(adj) subtle*
sutileza *(f) subtlety*

T

táctica *(f) tactics; policy*
tal *(adj) such;* — vez *perhaps*
talla *(f) stature*
taller *(m) workshop;* — de costura *knitting bee*
también *(adv) also, too; likewise*
tampoco *(adv) neither*
tantear *to try*
tanteo *(m) attempt; estimate; calculation*
tanto *(adj pron & adv) so much, as much;* por lo — *therefore*
tapizado *(adj) covered*
tara *(f) defect*
tardar en *to take (time) in, to delay in*
tarea *(f) task, job*
tarjeta *(f) card*
tasa *(f) measure; rate*
teatro *(m) theater*
técnica *(f) technique*
técnico *(adj) technical*
tecnología *(f) technology*
techo *(m) roof; ceiling*
teléfono *(m) telephone*
tema *(m) theme*

temer *to fear*
temor *(m) fear, dread*
tempestad *(f) storm*
temprano *(adj) & adv) early*
tenaz *(adj) tenacious*
tender *to spread out; to tend*
tendiente a *(adj) tending to, designed to*
tener *to have;* — en cuenta *to bear in mind;* — razón *to be right*
tentación *(f) temptation*
tentar *to attempt; to grope*
tentativa *(f) attempt*
teñir *to tinge; to dye*
teoría *(f) theory*
teórico *(adj) theoretical*
terapéutico *therapeutic*
terapia *(f) therapy*
tercio *(m) third*
término *(m) end; term; word;* en último — *in the last analysis*
terquedad *(f) stubbornness*
terreno *(m) land; ground*
tesis *(f) thesis, theme*
tesoro *(m) treasure, wealth; treasury*
testamento *(m) will*
texano *(adj) pertaining of or to Texas*
tez *(f) skin*
tía *(f) aunt*
tiempo *(m) time*
tienda *(f) store*
tierra *(f) earth, ground*
tío *(m) uncle*
tiranía *(f) tyranny*
tirano *(m) tyrant*
tirar *to throw; to shoot, to fire*
tiro *(m) shot*
títere *(m) puppet*
titulares *(m pl) headlines*
título *(m) title*
tocar *to touch*
todavía *(adv) still, yet*
todo *(adj) all, every, each*
tolerar *to tolerate*

toma de conciencia *(f) soul searching*
tomar *to take; to grasp; to drink;* —se lo en serio *to take seriously*
tono *(m) tone*
tonto *(adj) stupid*
tope *(m) top*
tornar *to turn;* —se en *to change into, to become*
torno, en — *around; about*
tosco *(adj) rough*
trabajador *(adj) working*
trabajar *to work*
traducir *to translate, interpret*
traición *(f) treason*
traidor *(m) traitor*
trama *(f) plot; intrigue*
trámite *(m) transaction*
transcurrir *to pass; elapse*
transido *(adj) worn-out; exhausted*
tras *(prep) after; in back of*
trasatlántico *(adj) transatlantic*
trasformador *(adj) transforming*
trasladar *to move*
trasmitir *to transmit*
traspasar *to go beyond*
traspaso *(m) transfer*
trasplantar *to move*
trasplante *(m) transplanting, transfer*
trastorno *(m) emotional upset*
tratado *(m) treaty*
tratar *to treat;* — con *to have dealings with;* —se de *to be a question of*
trato *(m) treatment, conduct;* — con *dealings with;* Nuevo Trato *New Deal*
través *(m) reverse;* a — de *through, across*
trayectoria *(f) path, trajectory*
trazar *to outline*
tregua *(f) truce*
tribunal *(m) court of justice*
tributar *to pay tribute, homage*
triste *(adj) sad*
tronco *(m) trunk*

tropezar *to stumble;* — con *to come across*
trópico *(m) tropic*
trozo *(m) fragment*
turbar *to disturb*
turbina *(f) turbine*
turbulencia *(f) turbulence; disorder*
tutelaje *(f) tutorage; protection*

U

ubicar *to locate;* —se *to be situated or located*
último *(adj) last, final*
ultrajar *to outrage, insult*
unánime *(adj) unanimous*
unidad *(f) unity*
unión *(f) union*
unir *to unite*
universidad *(f) university*
urbano *(adj) urban*
urgir *to urge; to be urgent*
uso *(m) use*
útil *(adj) useful*
utilidad *(f) utility; profit*

V

vaciar *to empty*
vacilante *(adj) vacillating*
vago *(adj) vague*
valer *to be worth*
valioso *(adj) valuable*
valoración *(f) valuation; appraisal*
valorizar (valorar) *to value, appraise*
valladar *(m) obstacle*
vapor *(m) steam; ship*
variable *(f) variable*
variante *(f) difference*
vecino *(m) neighbor (adj) neighboring*
vedar *to prohibit; to veto*
vehículo *(m) vehicle, car*

vencedor *(adj) conquering; (m) conqueror*
vencer *to conquer*
vendar *to bandage*
veneno *(m) poison*
venir *to come;* venirle en gana *to occur to someone*
ventaja *(f) advantage*
ventajoso *(adj) advantageous, beneficial, profitable*
ver *to see*
verdad *(f) truth*
vergüenza *(f) shame*
verídico *(adj) truthful*
verificar *to verify*
vernáculo *(adj) vernacular, native*
vestirse *to dress, to get dressed*
veterano *(m) veteran*
vez *(f) time; turn;* a la — *at the same time*
vía *(m) road, way;* en —s de *on the road to*
viable *(adj) viable*
viabilidad *(f) viability; feasibility*
viaje *(m) trip*
vientre *(m) abdomen; belly; bowels*
vigencia *(f) state of being in force (of a law)*
vigente *(adj) effective; in force (as a law)*
vinculación *(f) tie, bond*
vincular *to tie, bind, join*
vínculo *(m) bond, tie*
virtud *(f) virtue*
víspera *(f) eve, evening or day before;* en —s de *about to; on the eve of*
vivaz *(adj) vivacious*
vivienda *(f) dwelling; apartment*
vivo *(adj) alive; living*
vocablo *(m) word, term*
vocero *(m) mouthpiece; spokesman*
vociferante *(adj) vociferous*
volcar *to turn upside down; to spill*
voluntad *(f) will; desire*

volver *to return;* — a *(+ inf) to do again*
votante *(m) voter*
voto *(m) vote*

Y

ya *(adv) already*

yanqui *(m & f) Yankee*
yugo *(m) yoke*

Z

zozobra *(f) foundering; anxiety, worry*

Permissions and Acknowledgments

We wish to thank the authors, publishers, and holders of copyright for their permission to use the reading materials in this book.

William G. Moulton: "Learning to Read a Foreign Language," from *Study Hints for Language Students*, Houghton Mifflin Company, 1959, reprinted by permission of the publisher. (AJ)
Leopoldo Zea, "El indio," by permission of the author. (J)
Mildred Adams, "El nuevo feminismo en los Estados Unidos," by permission of the author. (J)
Víctor Raúl Haya de la Torre, "Cuestión de nombres," from *¿A dónde va Indoamérica?*, by permission of the author. (J)
José Revueltas, "Un partido político para jóvenes, ilusorio," by permission of *Excélsior* (Eduardo Correa M.). (J)
Germán Arciniegas, "*¿A dónde va América Latina?*" by permission of the author. (J)
Orlando Albornoz, "El concepto del poder negro en los Estados Unidos," by permission of *Política* (Luis B. Prieto F.). (J)
Ramón Parres, "Visión dinámica del disintir de la juventud," by permission of *Cuadernos Americanos* (Jesús Silva Herzog). (J)
Josefina Vásquez de Knauth, "La universidad norteamericana: persecución de la verdad o deshumanización," by permission of Leopoldo Zea. (J)
María Teresa Babín and Nilita Vientós Gastón, "La situación de Puerto Rico," by permission of the authors. (EJ)
Manuel Pedro González, "Vietnam y la conciencia moral norteamericana," by permission of *Cuadernos Americanos* (Jesús Silva Herzog). (J)
Adolfo G. Domínguez, "El Chicanismo: Su origen y actualidad política" by permission of *Cuadernos Americanos* (Jesús Silva Herzog). (J)
Luis Alberto Sánchez, "Insurrección juvenil o definición del hombre nuevo," from *La universidad actual y la rebelión juvenil*, by permission of the author. (J)
"Lento veneno," "Estudios puertorriqueños, sí" and "Narcóticos en las escuelas," by permission of *El Diario – La Prensa* (Sergio Santelices). (J)
Manuel Calvo Hernando, "Dramático mensaje a los 3,500 millones de habitantes del mundo," by permission of *Excélsior* (Eduardo Correa M.). (J)
Agustín B. Fernández del Valle, "Integración de la nacionalidad norteamericana," by permission of *Vida universitaria* (Gregorio Salazar Leyva). (J)
William B. Shannon, "Lo que debe preocupar a los EE.UU.: La libertad, no el dinero," by permission of *Excélsior* (Eduardo Correa M.). (J)
Alejandro Magnet, "*¿Cómo será en 1980 Latinoamérica?*," by permission of *Excélsior* (Eduardo Correa M.). (J)
Enrique Suárez Gaona, "Apoyo a la unidad: Chicanos por la igualdad," by permission of *Excélsior* (Eduardo Correa M.). (J)
"Sí o no a la violencia," by permission of *Razón y fé* (Tomás Zamarriego SJ.). (J)
Fernando Díez de Medina, "Lo que falla en las relaciones entre Norte y Sur: la línea psicológica," by permission of *Cuadernos Americanos* (Jesús Silva Herzog). (J)
Carmen Alcalde, "Black is Beautiful," by permission of *Cuadernos para el diálogo* (Félix Santos Delgado). (J)
Guillermo Martínez Márquez, "Subdesarrollo latinoamericano," by permission of *El colombiano* (Carlos O. Uribe de los R.). (J)